कविताएँ

गीतिका

गीतिका

सूर्यकान्त त्रिपाठी 'निराला'

राजकमल प्रकाशन

पहला संस्करण 1936 में प्रकाशित

ISBN : 978-81-7178-643-5

मूल्य : ₹595

नौवाँ संस्करण : 1992
बारहवाँ संस्करण : 2025

प्रकाशक : राजकमल प्रकाशन प्रा.लि.
1-बी, नेताजी सुभाष मार्ग, दरियागंज
नई दिल्ली-110 002

शाखाएँ : अशोक राजपथ, साइंस कॉलेज के सामने, पटना-800 006
पहली मंजिल, दरबारी बिल्डिंग, महात्मा गांधी मार्ग, प्रयागराज-211 001
1, अनमोल सोराबजी सन्तुक लेन, धोबी तलाव, मरीन लाइंस, मुम्बई-400 002
वेबसाइट : www.rajkamalprakashan.com
ई-मेल : info@rajkamalprakashan.com

मुद्रक : बी.के. ऑफसेट
नवीन शाहदरा, दिल्ली-110 032

GEETIKA
Poems by Suryakant Tripathi 'Nirala'

जिसकी हिन्दी के प्रकाश से, प्रथम परिचय के समय, मैं आँखें नहीं मिला सका—लजाकर हिन्दी की शिक्षा के संकल्प से, कुछ काल बाद देश से विदेश, पिता के पास चला गया था और उस हिन्दी-हीन प्रान्त में, बिना शिक्षक के, 'सरस्वती' की प्रतियाँ लेकर, पद-साधना की और हिन्दी सीखी थी; जिसका स्वर गृहजन, परिजन और पुरजनों की सम्मति में मेरे (संगीत) स्वर को परास्त करता था; जिसकी मैत्री की दृष्टि क्षण-मात्र में मेरी रुक्षता को देखकर मुस्करा देती थी; जिसने अन्त में अदृश्य होकर मुझसे मेरी पूर्ण-परिणीता की तरह मिलकर मेरे जड़ हाथ को अपने चेतन हाथ से उठाकर दिव्य शृंगार की पूर्ति की, उस सुदक्षिणा स्वर्गीया प्रियाप्रकृति—

श्रीमती मनोहरादेवी को
सादर।

काशी
27-7-36

—निराला

निरालाजी हिन्दी कविता की नवीन धारा के कवि हैं, और साथ ही भारती-मन्दिर के गायक भी हैं। उनमें केवल पिक की पञ्चम पुकार ही नहीं; कनेरी की-सी एक ही मीठी तान नहीं; अपितु उनकी गीतिका में सब स्वरों का समारोह है। उनकी स्वर-साधना हृदय के ग्रामों को झंकृत कर सकती है कि नहीं, यह तो कवि के स्वरों के साथ तन्मय होने पर ही जाना जा सकता है।

गीतिका हिन्दी के लिए सुन्दर उपहार है। उसके चित्रों की रेखाएँ पुष्ट, वर्णों का विकास भास्वर है। उसका दार्शनिक पक्ष गम्भीर और व्यञ्जना मूर्तिमती है। आलम्बन के प्रतीक, उन्हीं के लिए अस्पष्ट होंगे जिन्होंने यह नहीं समझा है कि रहस्यमयी अनुभूति, युग के अनुसार अपने लिए विभिन्न आधार चुना करती है। केवल कोमलता ही कवित्व का मापदण्ड नहीं है। निरालाजी ने नृम्ण और ओज, सौन्दर्य भावना और कोमल-कल्पना का जो माधुर्यमय संकलन किया है, वह उनकी कविता में शक्ति साधना का उज्ज्वल परिचायक है।

'अमिय-गरल शशिसीकर-रविकर राग-विराग भरा प्याला, पीते हैं जो साधक उनका प्यारा है...' यह मतवाला के मुखपृष्ठ पर छपा हुआ हिन्दी में उनका जो सबसे पहला छन्द मैंने देखा है, वह आज इन कई बरसों के बाद भी कवि के जीवन में, रचना में, खुली आँखों और निर्विकार हृदय से देखनेवाले को स्पष्ट और विकसित देख पड़ेगा।

—जयशंकर प्रसाद

हूँ दर—सदा मैं दूर!
कल्लोलिनी कला-जल-कलरव
सुमन-सुरभि समीर सुख-अनुभव
कुमुद-किरण-अभिसार-केलि-नव,
देख रहा तू भूल—शूर!
हूँ दूर—सदा मैं दूर!

—निराला

क्रम

भूमिका

गीत-सृष्टि शाश्वत है। समस्त शब्दों का मूल-कारण ध्वनिमय ओंकार है। इसी अशब्द संगीत से स्वर-सप्तकों की भी सृष्टि हुई। समस्त विश्व स्वर का ही पुंजीभूत रूप है, अलग-अलग व्यष्टि में स्वर-विशेष—व्यक्ति या मौन।

स्वर-संगीत स्वयं आनन्द है। आनन्द ही इसकी उत्पत्ति, स्थिति और परिसमाप्ति है। जहाँ आनन्द को लोकोत्तर कहकर विज्ञों ने निर्विषयत्व की व्यञ्जना की है—संसार से बाहर, ऊँचे रहनेवाले किसी की ओर इंगित किया है—आनन्द की अमिश्र सत्ता प्रतिपादित की है, वहाँ संगीत का यथार्थ रूप अच्छी तरह समझ में आ जाता है।

आर्यजाति का सामवेद संगीत के लिए प्रसिद्ध है, यों इस जाति ने वेदों में जों कुछ भी कहा, भावमय संगीत में कहा है। संगीत का ऐसा मुक्त रूप अन्यत्र उपलब्ध नहीं होता। गायत्री की महत्ता आज भी आर्यों में प्रतिष्ठित है। इसके नाम में ही संगीत की सूचना है। भाव और भाषा की ऐसी पवित्र झंकार और भी कहीं है, मुझे नहीं मालूम। स्वर के साथ शब्द, भाव और छन्द, तीनों मुक्त हैं।

जिस तरह वेदों के बाद मुक्त भाषा व्याकरण में बँधती गयी और अनेकानेक रूपों से वेदों से भावजन्य सामञ्जस्य रखती गयी है, उसी प्रकार संगीत संस्कृत में आकर, छन्द-ताल-वाद्य आदि में बँध गया है। और इस तरह संगीत के अर्थ से समवेत सभ्य-जनों के पवित्र आनन्द का साधक हो गया है। पहले जो भावात्मक निस्संग एक ही ऋषि-कण्ठ से निकला हुआ था, वह बाद को समुदाय के आनन्द का प्रजनक हुआ। फिर भी उसका लक्ष्य विशुद्ध आनन्द रक्खा गया, यही लोकोत्तर आनन्द से उसका सम्पर्क है। उसमें अनेकानेक अन्वेषण होते रहे। समय के भाव और रूप को समझकर राग और रागिनियाँ निर्मित होने लगीं। इतना ही नहीं, राग और रागिनियों की ताल के अनुसार अनेकानेक गति और तानें बनती गयीं। आज भारत में जिस प्राचीन संगीत की शिक्षा प्रचलित है, उसकी बुनियाद यही संस्कृतकाल है। इसके बाद, मुसलमानों के शासन के अन्त तक, आज तक, मुसलमान गायकों के अधिकार में जो भिन्न-भिन्न तानें, अदायगी आदि स्वरबद्ध हुई हैं, वे भी प्राचीन संगीत के अन्तर्गत कर ली गयी हैं। यह अलग-अलग घराने की अदायगी और तानें

उसी घराने के नाम से प्रचलित हैं। मुसलमान काल में स्वर भी अनेक निर्मित हुए। भारत के विभिन्न प्रान्त भी इस स्वर-सन्धान में अपना अस्तित्व रखते हैं—संगीत पर उनके नाम की छाप पड़ गयी है। यह सब कला के विकास के लिए ही किया गया है; पर अधिक अस्त्र-शस्त्र बाँधने से शस्त्र-संचालन की असली शक्ति जिस तरह काम नहीं करती—सिपाही बोझ से दब जाता है—दूसरे पर विजय करने की जगह उसी के प्राण संकट में पड़ते हैं, वैसे ही तानों के भार से संगीत के क्षीण वृन्त पर खिला पुष्प-शरीर झुकता गया। क्रमश:, ऋषिकण्ठ से गायक-गायिका-कण्ठ में आकर, विश्वदेवता को वन्दित करने की जगह राजा को आनन्दित करता हुआ, गिर गया : लोक से उसका सहयोग अधिक, लोकोत्तरता से कम पड़ता गया; इसलिए आनन्द की श्रेष्ठता कहाँ तक रही, यह सहज अनुमेय है।

'गीतगोविन्द' संस्कृत-काल के बहुत बाद की रचना है; यद्यपि इस समय भी समस्त देश का माध्यम संस्कृत थी, फिर भी प्रादेशिक भाषाएँ इस समय अपना पूरा विस्तार कर चुकी थीं—उनका यथेष्ट साहित्य तैयार हो चुका था। आज संगीत में मुख्य जितनी तालें प्रचलित हैं, वे प्राय: सभी 'गीतगोविन्द' में हैं। रचना संस्कृत में होने के कारण ताल-सम्बन्धी एक मात्रा की घट-बढ़ उसमें नहीं—बिलकुल सोने की तोल है। सूक्ष्म दृष्टि से देखने पर मालूम होता है, मैथिली और बंगला के विद्यापति, चण्डीदास आदि कवियों की रचना में 'गीतगोविन्द' का ही प्रभाव पड़ा है। उड़िया के भी उच्चकोटि के कुछ कवियों के गीतों में वह ढंग है। इन सबकी गीत-रचना उसी तरह भाव-प्रधान, वर्णना-चातुरी और यथार्थ साहित्यिकता से भरी हुई है। जिस तरह वेद के मन्त्र-संगीत के मुकाबले संस्कृत का छन्द संगीत गठा हुआ होने पर भी, उच्चारण-ध्वनि के मुक्त, सान्द्र एवं गम्भीर भाव-बोध के विचार से गिरा हुआ जान पड़ता है, उसी तरह रस-प्रधान कोमलकान्त पदावली 'गीतगोविन्द' के मुकाबले वैष्णव कवियों की रचनाएँ कमज़ोर मालूम पड़ती हैं; परन्तु आजकल की रीति से अश्लीलता का विचार रखने पर चण्डीदास और गोविन्ददास (बिहारी) अधिक शुद्ध हैं।

हिन्दी में जो प्रचलित गीत हैं, उनमें कबीर के गीत शायद सबसे प्राचीन हैं; कई दृष्टियों से कबीर का बहुत ऊँचा स्थान है। कबीर की भाषा का ओज अन्यत्र कम प्राप्त होता है। फिर भी साहित्य और संगीत के विचार से, दोनों की संस्कृति की दृष्टि से, मुझे कबीर के गीत आदर्श गीत नहीं मालूम होते। सूर के गीत साहित्यिक महत्त्व रखते हैं, तुलसी के भी ऐसे ही हैं। मीरा संगीत की देवी हैं। जनता में कबीर से मीरा तक, सभी के गीत प्राणों की सम्पत्ति हैं। आज तक इन्हीं गीतों के आधार पर लोग अपनी प्राचीन सभ्यता और संस्कृति को पकड़े हुए हैं; परन्तु यह सब होते हुए भी, आधुनिक दृष्टि से जो एक दोष पदों में है, वही एक दूसरे रूप से सूर, तुलसी और मीरा में भी है। कबीर निर्गुण ब्रह्म की उपासना में आधुनिक-से-आधुनिक के मनोनुकूल

होते हुए भी भाषा-साहित्य-संस्कृत में जैसे अमार्जित हैं, वैसे ही सूर, तुलसी आदि भाषा-संस्कार रखते हुए भी कृष्ण और राम की सगुण उपासना के कारण आधुनिकों की रुचि के अनुकूल नहीं रहे। यह सत्य है कि राम और कृष्ण का ब्रह्मरूप अब अनेक आधुनिक समझते हैं और इन अवतार-पुरुषों और इन पर लिखी गयी पदावली से उन्हें हार्दिक प्रेम है; पर फिर भी इनकी लीलाओं के पुन:-पुन: मनन, कीर्तन और उल्लेख से उन्हें तृप्ति नहीं होती, फिर खड़ी बोली केवल बोली में ही नहीं खड़ी हुई, कुछ भाव भी उसने ब्रजभाषा-संस्कृति से भिन्न, अपने क़हकर खड़े किये हैं, यद्यपि वे बहिर्विश्व की भावना से संश्लिष्ट हैं। राम और कृष्ण का साहित्य खड़ी बोली ने भी यथेष्ट दिया है और देती जा रही है।

सन्त-पदावली से एक बहुत बड़ा उपकार जनता का हुआ। जहाँ संगीत की कला दरबार में तरह-तरह की उखाड़-पछाड़ों से पीड़ित हो रही थी, भावपूर्ण सीधा-सीधा स्वर लुप्त हो रहा था, वहाँ भक्त साधकों और साधिकाओं के रचे गीत और स्वर यथार्थ संगीत की रक्षा कर रहे थे और जनता पूरे आग्रह से यथासाध्य इनका अनुकरण करती थी—भजन की महत्ता का यही कारण है।

पर समय ने पलटा खाया। पश्चिम की एक दूसरी सभ्यता देश में प्रतिष्ठित हुई। इसका प्रभाव हर तरह बुरा रहा, ऐसा कोई समझदार नहीं कह सकता। इसके शासन का सुफल उन्नति के सभी मार्गों में प्रत्यक्ष है। जिस तरह मुसलमानों के शासन-काल में गजलों की एक नये ढंग की अदायगी देश में प्रचलित हुई और लोकप्रिय भी हुई—आज युक्तप्रान्त, पंजाब, बिहार आदि प्रदेशों में गजलों का जनता पर अधिक प्रभाव है, उसी तरह यहाँ अँगरेजी संगीत का प्रभाव पड़ा। अभी अँगरेजी संगीत का प्रभाव बंगाल के अलावा अन्य प्रदेशों पर विशेष रूप से नहीं पड़ा—दूसरे लोगों ने अपने गीतों की स्वर-लिपि उस तरह से तैयार करके जनता के सामने नहीं रक्खी; पर यह प्रभाव बंगाल के अलावा अन्यत्र भी अब फैल रहा है। बंगला-साहित्य ने गजलों को भी अपनाया है; पर यह रंग मुसलमान-काल में नहीं, अँगरेजी शासन के बाद उस पर चढ़ा और उर्दू की गजलें नहीं गयीं, बंगला में ही तैयार की गयीं। अँगरेजी संगीत से प्रभावित होने के ये माने नहीं कि उसकी हू-ब-हू नकल की गयी। अँगरेजी संगीत की पूरी नकल करने पर उससे भारत के कानों की कभी तृप्ति होगी, यह सन्दिग्ध है। कारण, भारतीय संगीत की स्वर-मैत्री में जो स्वर प्रतिकूल समझे जाते हैं, वे अँगरेजी संगीत में लगते हैं। उनसे अँगरेजी (मेरा 'अँगरेजी ' शब्द से मतलब पश्चिमी से है) हृदय में ही भाव पैदा होता है। अस्तु, अँगरेजी संगीत के नाम से जो कुछ लिया गया, उसे हम अँगरेजी संगीत का ढंग कह सकते हैं। स्वर-मैत्री हिन्दुस्तानी ही रही। डी.एल. राय और रवीन्द्रनाथ इस ढंग के अपनाने के प्रधान साहित्यिक कहे जायँगे। एक स्वर 'डी.एल. राय का स्वर' के नाम से बंगाल में प्रसिद्ध है। इसकी लोकप्रियता आज तक है। यह स्वर अँगरेजी ढंग से निर्मित है; पर इसे भारतीयता का रूप दिया गया है।

स्वर-मैत्री के विचार से रवीन्द्रनाथ के संगीत का ढंग और साफ अँगरेजीपन लिये हुए है। फिर भी ये भिन्न-भिन्न रागिनियों में ही बाँधे हुए हैं। सिर्फ अदायगी अँगरेजी है। राग-रागिनियों में भी स्वतन्त्रता ली गयी है। भाव-प्रकाशन के अनुकूल उनमें स्वर-विशेष लगाये गये हैं—उनका शुद्ध रूप मिश्र हो गया है। यह भाव प्रकाशनवाला बोध पश्चिमी संगीत-बोध के अनुसार है।

इस प्रकार शब्द और स्वर की रचना पहले से भिन्न हो गयी है और होती जा रही है। कला के सभी अंगों में यह कार्य मौलिकता के नाम से होता है और आधुनिक जनों को ऐसी मौलिकता अच्छी भी लगती है। यह वह समय है, जब संसार की सभी जातियों में आदान-प्रदान चल रहा है, मेल-मिलाप हो रहा है। साहित्य इसका माध्यम है। इसलिए साहित्यिक संसार की अच्छी चीजों का समावेश अपने साहित्य में करते हैं और उनके प्राणों के रंग से रंगीन होकर वे चीजें साधारणों को भी रँग देती हैं। इस प्रकार अन्य जाति के होने पर भी वस्तु-विषय मनुष्य-मात्र के होते जा रहे हैं। आधुनिक साहित्य का संक्षेप में यही कार्य, यही उत्कर्ष और यही सफलता है। जो साहित्य इसमें जितना पिछड़ा हुआ है, वह उतना ही अधूरा समझा जाता है।

यद्यपि मुझे पश्चिम के किसी प्रसिद्ध देश में अधिक काल तक रहने का सुयोग नहीं मिला, फिर भी मैं कलकत्ता और बंगाल में उम्र के बत्तीस साल तक रह चुका हूँ और कलकत्ता में आधुनिक भावना के किसी आकार से अपरिचित रहने की किसी के लिए वजह न होगी अगर वह अपने काम से ही काम न रखकर परिचय भी करना चाहता है। चूँकि बचपन में औरों की तरह मैं भी निष्काम था, इसलिए सब प्रकार के सौन्दर्यों को देखने और उनसे परिचित होने के सिवा मेरे अन्दर दूसरी कोई प्रेरणा ही न उठती थी। क्रमश : ये संस्कार बन गये! जिस तरह घर के अहाते में घर के, अवधी, बैसवाड़ी या कनौजिया संस्कार तैयार हो रहे थे, उसी तरह बाहर, बाहरी संसार के। अन्त में वे मेरे अपने संस्कार बन गये। वे मेरे साहित्य में प्रतिफलित हुए, जिनसे हिन्दी-साहित्य और हिन्दू-संस्कृति को मेरे साहित्य के समझदारों के कथनानुसार गहरा धक्का पहुँचा।

इन संस्कारों के फलस्वरूप हिन्दी-संगीत की शब्दावली और गाने का ढंग, दोनों मुझे खटकते रहे। न तो प्राचीन 'ऐसो सिय रघुबीर भरोसो' शब्दावली अच्छी लगती थी, यद्यपि इसमें भक्तिभाव की कमी न थी, न उस समय की आधुनिक शब्दावली 'तोप-तीरें सब धरी रह जायँगी मगरूर सुन', यद्यपि इसमें वैराग्य की मात्रा यथेष्ट थी। हिन्दी-गवैयों का सम पर आना मुझे ऐसा लगता था, जैसे मजदूर लकड़ी का बोझ मुकाम पर लाकर धम्म से फेंककर निश्चिन्त हुआ। मुझे ऐसा मालूम होने लगा कि खड़ी बोली की संस्कृति जब तक संसार की अच्छी-अच्छी सौन्दर्य-भावनाओं से युक्त न होगी, वह समर्थ न होगी। उसकी सम्पूर्ण प्राचीनता जीर्ण है। मैंने पद्य के अपर अंगों में जो थोड़ा-सा काम किया है, वह खड़ी बोली के अनुरूप-प्रतिरूप जैसा भी हो,

उसके अलावा कुछ गीत भी मैंने लिखे हैं। वही इस पुस्तिका में संकलित हैं। प्राचीन गवैयों की शब्दावली, संगीत की रक्षा के लिए, किसी तरह जोड़ दी जाती थी; इसलिए उसमें काव्य का एकान्त अभाव रहता था। आज तक उनका यह दोष प्रदर्शित होता है। मैंने अपनी शब्दावली को काव्य के स्वर से भी मुखर करने की कोशिश की है। ह्रस्व-दीर्घ की घट-बढ़ के कारण पूर्ववर्ती गवैये शब्दकारों पर जो लाञ्छन लगता है, उससे भी बचने का प्रयत्न किया है। दो-एक स्थलों को छोड़कर अन्यत्र सभी जगह संगीत के छन्द:शास्त्र की अनुवर्तिता की है। भाव प्राचीन होने पर भी प्रकाशन का नवीन ढंग लिये हुए हैं। साथ-साथ उनके व्यक्तीकरण में एक-एक कला है, जिसका परिचय विज्ञ जन अपने अन्वेषण से आप प्राप्त कर सकेंगे। यहाँ मैं उन पर विशेष रूप से न लिख सकूँगा। वे उस रूप में हिन्दी के न थे, इतना मैं लिखे देता हूँ। जो संगीत कोमल, मधुर और उच्च भाव तदनुकूल भाषा और प्रकाशन से व्यक्त होता है उसके साफल्य की मैंने कोशिश की है ताल प्राय: सभी प्रचलित हैं। प्राचीन ढंग रहने पर भी वे नवीन कण्ठ से नया रंग पैदा करेंगी।

धम्मार

'प्राण-धन को स्मरण करते
नयन झरते—नयन झरते!'

धम्मार की चौदह मात्राएँ दोनों पंक्तियों में हैं। गति भी वैसी ही। इसके अन्तरे में विशेषता है :

'स्नेह ओतप्रोत;
सिन्धु दूर, शशिप्रभा-दृग
अश्रु ज्योत्स्ना-स्रोत।'

यहाँ पहली और तीसरी पंक्ति में चौदह-चौदह मात्राएँ नहीं हैं, दूसरी में हैं। पहली और तीसरी पंक्ति में मात्रा भरनेवाले शब्द इसलिए कम हैं कि वहाँ स्वर का विस्तार अपेक्षित है, और दोनों जगह बराबर पंक्तियों रक्खी गयी हैं। यह मतलब गायक आसानी से समझ लेता है। यह उस तरह की घट-बढ़ नहीं, जैसी पुराने उस्ताद गवैयों के गीतों में मिलती है। पहली लाइन की चौदह मात्राएँ इस तरह पूरी होंगी :

1	2	2	2	2	2	2	1	=	14
।	।	।	।	।	।	।			
स्ने+	ह+	ओ+	त+	प्रा+	ओ+	ओ+	त—		

गाने में हर मात्रा अलग उच्चरित होगी। इसी प्रकार तीसरी पंक्ति की मात्राएँ बैठेंगी। यह संगीत-रचना की कला में गण्य है।

रूपक

यह सात मात्राओं की ताल है :

'जग का एक देखा तार।
कण्ठ अगणित, देह सप्तक,
मधुर स्वर-झंकार।'—

इसका एक विभोजन मैं कर रहा हूँ; पर गायक सुविधा या इच्छानुसार कहीं भी सम रख सकता है। मैं केवल सात-सात मात्राओं का विभाजन कर रहा हूँ :

'एक देखा। तार जग का।
कण्ठ अगणित। देह सप्तक।
मधुर स्वर-झङ्। कार जग का।'

झपताल

यह दस मात्राओं की ताल है। इसके भी कई गीत इसमें हैं :

'अनगिनित आ गये शरण में जन जननि,
सुरभि-सुमनावली खुली मधुऋतु अवनि।'

इसे ह्रस्व-दीर्घ के अनुसार पढ़ने पर ताल का सत्य-रूप स्पष्ट हो जाएगा। खड़ी बोली के आधुनिक कवियों ने इस छन्द की रचना नहीं की। अगर की है, तो मैंने देखी नहीं। इसका मात्रा-विभाजन :

'अनगिनित आ गये।
शरण में जन, जननि।
सुरभि सुमनावली।
खुली मधुऋतु अवनि।'

जिस तरह गानेवाले धम्मार को रूपक और रूपक को धम्मार में गा सकते हैं, उसी तरह झपताल के गवैये इसे शूल में भी बाँध सकते हैं। झपताल में आघात इस प्रकार आयेंगे :

† । ॰
'अ न गि नि त आ—ग ये—'
और शूल में इस प्रकार :
† ॰ । ।
'अ न गि नि त आ-ग ये'

चौताल

इसमें बारह मात्राएँ होती हैं। इसकी भी कई रचनाएँ इसमें हैं :

'अमरण भर वरण-गान
वन-वन उपवन-उपवन
जागी छवि, खुले प्राण।
वसन विमल तनु-वल्कल
पृथु उर सुर-पल्लव-दल
उज्ज्वल दृग कलिकल, पल
निश्चल कर रही ध्यान।'

हर लड़ी में बारह मात्राएँ हैं। कहीं भी घट-बढ़ नहीं। गायक आसानी से ताल-विभाजन कर लेगा। वह इसे देखते ही इसका स्वरूप पहचान जायगा।

तीन ताल

इसमें सोलह मात्राएँ होती हैं। लोगों में सोलह मात्रावाली चीजों का अधिक प्रचलन है, इसलिए इस ताल की रचनाएँ इसमें अधिक हैं :

'आओ मधुर-सरण मानसि, मन।
नूपुर-चरण-रणन जीवन नित।
वंकिम चितवन चित-चारु मरण!'

या :

'मुझे स्नेह क्या मिल न सकेगा?
स्तब्ध दग्ध मेरे मरु का तरु
क्या करुणाकर, खिल न सकेगा?'

कहीं-कहीं सोलह मात्रावाली रचना में भिन्न प्रकार रक्खा गया है। गायक के लिए अड़चन न होगी, न पढ़नेवाले पाठकों के लिए होगी; पर जो पाठक ताल के जानकार नहीं, वे 'सम' ठीक रखकर गा न सकेंगे।

दादरा

इसमें छ: मात्राओं की ताल है। इसके अनेक रूप पुस्तक में हैं; ठेठ हिन्दी-दादरा के गवैये भ्रम में पड़ सकते हैं। यों तो खड़ी बोली के गाने ही वे नहीं गा सकते,

अगर वह खड़ी बोली कुछ या काफी हद तक पड़ी हुई नहीं, फिर जहाँ खड़ी बोली स्वयम् अग्रगामिनी नहीं—भाव की पश्चाद्वर्तिनी है, वहाँ तो गवैयों की जबान को सख्त परेशानी होगी।

—'सखि, वसन्त आया।
भरा हर्ष वन के मन
नवोत्कर्ष छाया।
किसलय-वसना नव-वय-लतिका
मिली मधुर प्रिय-उर, तरु-पतिका,
मधुप-वृन्द वन्दी—
पिक-स्वर नभ सरसाया।'

इसमें छ: मात्राओं में विभाजन :

सखि वसन्त। आया—।
भरा हर्ष। वन के मन।
नवोत्कर्ष। छाया।—
किसलय-वस। ना नव-वय। लतिका—।
मिली मधुर। प्रिय-उर-तरु—। पतिका—।
मधुप वृन्द। वन्दी, पिक।
स्वर-नभ सर। साया—।

छ: का विभाजन है। अन्त की चार मात्राओं के स्वर को बढ़ाने से छ: मात्राकाल मिलेगा। एक और :

'अपने सुख-स्वप्न से खिली
वृन्त की कली।
उसके मृदु उर से
प्रिय अपने मधुपुर के
देख पड़े तारों के सुर-से;
विकच स्वप्न-नयनों से मिली फिर मिली,
वह वृन्त की कली।'

विभाजन :

'अपने सुख। स्वप्न से खि। ली—।
वृन्त की क। ली—।
उसके मृदु। उर से प्रिय।

अपने मधु। पुर के—।

देख पड़े तारों के सुर-से।

विकच स्वप्न। नयनों से। मिली फिर मि। ली—वह।

वृन्त की क। ली—'

'ली' के बाद बाकी मात्राएँ स्वर-विस्तार से पूरी होती हैं। अन्त में एक जगह 'ली' के साथ 'वह' आ गया है। वहाँ 'ली' की दो मात्राएँ स्वर से और दो मात्राएँ लेती हैं; बाकी दो 'वह' में आ जाती हैं; यों 'ली—' दो मात्राओं की होती हुई भी ऊपर छ: मात्राएँ पूरी करती है, यानी चार मात्राएँ स्वर के विस्तार से आती हैं। बाकी छ: का विभाजन पूरा है, स्वर घटता-बढ़ता नहीं। जहाँ, बीच में, घट-बढ़ होना बुरा माना जाता है, वहाँ, बाद को, कला।

आड़ा-चौताल जैसी कुछ तालें नहीं आ पायीं। इनकी पूर्ति, समय मिला, तो मैं फिर करूँगा। गीतों पर राग-रागिनी का उल्लेख मैंने नहीं किया। कारण, गीत हर एक राग-रागिनी में गाया जा सकता है। जो लोग राग-रागिनी की सामयिकता का विचार रखते हैं, वे गीत के भाव को समझकर समयानुकूल राग-रागिनी में बाँध सकेंगे, रचना के समय इधर मैंने यथेष्ट ध्यान रक्खा था। कुछ गीत समय के दायरे से बाहर हैं। उनके लिए गायक का उचित निर्णय आवश्यक होगा। उनके भाव किस-किस राग-रागिनी में अच्छी अभिव्यक्ति पायेंगे, यह मैंने गायक की समझ पर छोड़ दिया है।

पर यह निश्चय है कि ब्रज भाषा के पद गानेवालों के लिए साफ उच्चारण के साथ इन गीतों का गाना असम्भव है। वे इतने मार्जित नहीं हो सके। अपनी अमित्र कविता की तरह अपने गीतों के लिए भी मैं इधर-उधर सुन चुका था कि ये गीत गाये नहीं जा सकते; पर मैं उन न-गा-सकनेवाले गायकों की अक्षमता का कारण पहले से ही समझ चुका था। उनमें कुछ आधुनिक विद्यार्थी भी थे। मैं खड़ी बोली में जिस उच्चारण-संगीत के भीतर से जीवन की प्रतिष्ठा का स्वप्न देखता आया हूँ, वह ब्रजभाषा में नहीं। ब्रजभाषा के पदों के गानेवाले उस्ताद, प्राचीन उत्तरी संगीत-स्कूल के कलावन्त, जिन्हें खड़ी बोली का बहुत साधारण ज्ञान है, मेरे गीत गा न सकेंगे, यह मैं जानता था और इस ज्ञान के आधार पर गीतों की स्वर-लिपि मैं स्वयम् करना चाहता था; पर कुछ ऐसी परिस्थिति मेरी रही कि सब तरफ से अभाव-ही-अभाव का सामना मुझे करना पड़ा। एक अच्छे हारमोनियम की गुंजाइश भी मेरे लिए नहीं हुई। मेरी सरस्वती संगीत में भी मुक्त रहना चाहती हैं, सोचकर मैं चुप हो गया। आदरणीय बाबू मैथिलीशरणजी गुप्त, वरेण्य बाबू जयशंकरजी 'प्रसाद', मान्य श्रीमान् रायकृष्णदासजी, संभ्रान्त मित्र दुलारेलालजी भार्गव और श्रेष्ठ साहित्यिक पं. नन्ददुलारेजी वाजपेयी-जैसे हिन्दी के कलाकारों की आज्ञा से, कभी-कभी मुक्त-कण्ठ होकर और कभी हारमोनियम लेकर इनमें से कुछ-कुछ गीत मैंने गाकर सुनाये हैं।

इनके स्वर उन्हीं तक परिमित हैं। चूँकि मैं बाजार का नहीं बन सका, शायद इसीलिए सरस्वती ने मेरे स्वरों को बाजारू नहीं बनने दिया।

गीतों में कहीं-कहीं मैंने परिवर्तन किया है। दो-एक जगह यह परिवर्तन एक प्रकार आमूल हो गया है। गीतिका का 37वाँ गीत पाक्षिक 'जागरण' में इस प्रकार छपा था :

'आओ उर के नव पुष्पों पर
हे जीवन के कर कोमलतर।
खुल गये नयन, प्रस्फुट यौवन,
भर गया वनों में भ्रम-गुञ्जन,
चंचल लहरों पर भर नर्तन
आओ समीर, आशा हर हर!
यह क्षणिक काल यों बह न जाय,
अभिलषित अधूरी रह न जाय,
प्रिय, विरह तुम्हारा सह न जाय,
भर दो चुम्बन नव-स्मृति-सुखकर!
मैं जगज्जलधि की वृन्तहीन
खुल रही एक कलिका नवीन,
हे विमुख, सदा मैं मुखर, पीन,
आओ अपत्रिका के मर्मर!'

पं. वाचस्पतिजी पाठक-जैसे मेरे काव्य से समधिक प्रेम करनेवाले कुछ साहित्यिकों को गीत का यह रूप अधिक पसन्द है। इस प्रकार मेरे कुछ परिवर्तन उन्हें रुचिकर नहीं हुए, कुछ से वे बहुत प्रीत हैं।

खड़ी बोली में नये गीतों के भी प्रथम सृष्टिकर्ता 'प्रसाद' जी हैं। उनके नाटकों में अनेक प्रकार के नये गीत हैं। मैंने 1927-28 ई. में 'प्रसाद' जी का पूरा साहित्य देखा था। उनके अत्यन्त सुन्दर पद :

'चढ़कर मेरे जीवन-रथ पर
प्रलय चल रहा अपने पथ पर,
मैंने निज दुर्बल पद-बल पर
उससे हारी-होड़ लगायी!'

का मैं कई जगह उद्धरण दे चुका हूँ। गुप्तजी के भी अनेक गीत मैंने कण्ठस्थ किये थे।

'सभी दशाओं में सदैव हे पर-हित-हेतु-शरीर, प्रणाम!'—मुझे अभी नहीं भूला।

मेरे विद्वान् मित्र पं. नन्ददुलारेजी वाजपेयी इन गीतों से प्रीत होकर साधारण जनों के सुभीते के विचार से गीतों के क्लिष्ट शब्दों के अर्थ दे रहे हैं, एतदर्थ मैं उनका कृतज्ञ हूँ।

—निराला

समीक्षा

श्रीयुत निराला जी नवीन कविता-कामिनी के रत्नहार के एक अनुपम रत्न हैं, यह हिन्दी के काव्य-परीक्षकों की परीक्षा का निष्कर्ष, समय की गति के साथ, अधिकाधिक लोक-प्रचलित हो रहा है। आज से कुछ वर्ष पहले जब मैंने 'भारत' के लेखों में इनके उच्च पद का निर्देश किया था, तब बहुत-से व्यक्तियों ने इस सम्बन्ध में अपनी शंकाएँ प्रकट की थीं और कुछ ने उसे मेरा पक्षपात समझकर उस समय तरह दे दिया था; पर पीछे प्रकारान्तर से वे उन्हीं स्वरों का आलाप करते हुए सुन पड़े थे, जो हृदय में दबी अभिलाषा के असामयिक प्रकाशन से उद्‌भूत होते हैं। उनमें से किसी में अनुचित अस्पष्टता, किसी में लज्जाहीन आत्म प्रशंसा और किसी में निरालाजी के प्रति व्यर्थ की कुत्सा तथा मेरे प्रति आक्षेप भरे हुए थे; किन्तु प्रसन्नता की बात है कि कवि की प्रतिभा के प्रति मेरा आरंभिक विश्वास कभी स्खलित नहीं हुआ, न कभी मुझे उसकी कृतियों के कारण हिन्दी के सम्मुख सङ्कुचित होना पड़ा। साथ ही मुझे उन महानुभावों का हार्दिक दु:ख है जो साहित्य के क्षेत्र में ऐसी कुटिल नीतियों का प्रश्रय लेते और सात्त्विक बुद्धि सम्पन्न वाणी-व्यापार का बहिष्कार करते हैं। क्या कारण है कि लोग ज्ञान और प्रकाश की इस भूमि में भी अपने हृदय का अन्धकार भरना चाहते हैं? काव्य-साहित्य की इन साफ-सुथरी पगडंडियों में, सौंदर्य ही जिनकी रूप-रेखा है, कुटिल कण्टकों के लिए स्थान ही कहाँ है? हमारी परिष्कृत दृष्टि यदि इन चिर-सुरम्य निकेतों में भी मलिनता का प्रवेश-निषेध नहीं करती तो हमारे युग की साहित्यिक साधना अपूर्ण और हमारी जीवन-धारा त्रुटिपूर्ण ही रह जायगी।

ऊपर के कथन का न तो यही आशय है कि साहित्य-समीक्षा का कार्य किसी एक ही व्यक्ति के स्वायत्त कर दिया जाय और शेष सभी मौन रहकर अपनी स्वीकृति प्रकट किया करें और न यही प्रयोजन है कि किसी कवि का वास्तविक उत्कर्ष समीक्षकों की समीक्षा अथवा जनता की रुचि पर ही एकमात्र आश्रित है। यद्यपि मैं यह पसन्द करता हूँ कि साहित्यिक आलोचना सम्बन्धी जितनी निम्न कोटि की सृष्टियाँ हो रही हैं और 'छोटे मुँह बड़ी बात' से कहीं अधिक 'बड़े मुँह छोटी बात' का जितना प्रसार हो रहा है, उसे देखते हुए उन कथित समालोचकों का नियंत्रण किया जाय,

तथापि मैं एकदम जबान-बन्दी के पक्ष में नहीं हूँ और सहर्ष दूसरों की बातें सुनना चाहता हूँ परन्तु जैसा ऊपर कह चुका हूँ किसी प्रकार की कुटिल अभिसन्धि, वह अपने लिए हो या दूसरे के लिए, सद्य:बहिष्कार्य समझता हूँ। इसके साथ ही अत्यधिक ओछी और साहित्यिक विषय को स्पर्श तक न करनेवाली समीक्षाओं को स्थगित करा देने के पक्ष में हूँ। पुराने और कीर्तिलब्ध समीक्षक, जो समय या स्थिति के अभाव से प्रगतिशील साहित्य के साथ नहीं चल सकते, तत्काल विश्राम ले लें। इसके साथ ही मैं निराधार, अतिशयोक्तिपूर्ण, कोरी भावना के उद्‌गारों को समीक्षा की सीमा से पृथक् कर देना चाहता हूँ; क्योंकि इससे पैनी दृष्टिवाले नवागन्तुक काव्यपारखियों के कार्य में बड़ी बाधा पहुँचती है, जो कलाकृतियों के सूक्ष्म उत्कर्षों और रहस्यों के भेद जानना चाहते हैं। किसी के व्यक्तित्व को लेकर अप्रामाणिक रूप में आक्षेप करना, उसकी किसी पूर्व रचना के संस्कारों को लेकर प्रस्तुत रचना की परीक्षा करना, किन्हीं सामाजिक रीतियों से अनुरक्त होकर काव्यालोचन का तात्त्विक विचार खो देना अथवा अपने प्रिय आचार का सप्रमाण समर्थन न कर काव्य के प्रति तत्सम्बन्धी अनुकूल-प्रतिकूल धारणा बना लेना, ये सभी निवार्य और त्याज्य वस्तुएँ हैं। इनके त्याग से परिमार्जित हुए काव्य-प्राण समीक्षक की प्रत्येक बात मैं ध्यान और धैर्य से सुनने को उत्सुक हूँ।

दूसरे शब्दों में शुद्ध और सूक्ष्म बुद्धि से उद्‌भावित समीक्षा, वह चाहे जिसकी लिखी हो, मुझे प्रिय है, यद्यपि मैं जानता हूँ कि वह सबकी लिखी नहीं हो सकती है। वह परिष्कृत स्वस्थ और पुष्ट मस्तिष्क की ही उपज हो सकती है—उसकी जिसने जीवन-तत्त्व का अनुसन्धान किया है। वह दृष्टि शब्दों पर, वाक्यों पर, कल्पनाओं और उपमाओं पर रीझती है; परन्तु पृथक्-पृथक् नहीं। उक्त जीवन-तत्त्व की परख, उसकी ही समुज्ज्वल, आह्‌लादिनी अभिव्यक्तियों पर, मुग्ध होती है। काव्य के इन समस्त उपकरणों का यही प्रयोजन है कि वे उक्त जीवन सौन्दर्य की कला हमारे हृदयों में खिला दें। यदि वे ऐसा करने में अक्षम हैं, तो उनकी सम्पूर्ण सुघरता और विन्यास व्यर्थ हैं। कहना तो यह चाहिए कि उनकी सुघरता और उनका विन्यास तभी है जब वे उक्त जीवन-सौन्दर्य से उपेत हैं। यही काव्य-कला और सौन्दर्य की अनन्यता है। इसका सम्यक् परिचय हमें होना चाहिए।

सौन्दर्य ही चेतना है, चेतना ही जीवन है; अतएव काव्यकला का उद्‌देश्य सौन्दर्य का ही उन्मेष करना है। मनुष्य अपने को चेतना-सम्पन्न प्राणी कहता है; पर वास्तव में वह कितने क्षण सचेत रहता है? कितने क्षण वह चतुर्दिक फैली हुई सौन्दर्य राशि का अनुभव करता है। वह तो अधिकांश आँखें मूँद कर ही दिवस-यापन करने का अभ्यस्त होता है। कविता उसकी आँखें खोलने का प्रयास करती है। इसका यह अर्थ नहीं कि काव्य हमें केवल अनुभूतिशील या भावनाशील ही बनाता है। यह तो उसकी प्राथमिक प्रक्रिया है। उसका उच्च लक्ष्य तो सचेतन जीवन-परमाणुओं को

संघटित करना और उन्हें दृढ़ बनाना है। इसके लिए प्रत्येक कवि को अपने युग की प्रगतियों से परिचित होना और रचनात्मिका शक्तियों का संग्रह करना पड़ता है। जिसने देश और काल के तत्त्वों को जितना समझा है, उसने इन दोनों पर उतनी ही प्रभावशाली-रीति से शासन किया है।

उच्च और प्रशस्त कल्पनाएँ, परिश्रम-लब्ध विद्या, और काव्य-योग्यता, उच्च साहित्य-सृष्टि की हेतु बन सकती हैं; किन्तु देश और काल की निहित शक्तियों से परिचय न होने से एक अंग फिर भी शून्य ही रहेगा। हमारी दार्शनिक या बौद्धिक शिक्षा तथा साधना भी काव्य के लिए अत्यन्त उपयोगिनी हो सकती है; किन्तु इससे भी साहित्य के चरम उद्देश्य की सिद्धि नहीं हो सकती। इन सबकी सहायता से मूर्तिमती होनेवाली जीवन-सौन्दर्य की प्रतिमा ही प्रत्येक कवि की अपनी देन है। इसी से उसके व्यक्तित्व का निर्माण होता और शताब्दियों तक स्थिर रहता है। इसके बिना कवि की वास्तविक सत्ता प्रकट नहीं होती।

निरालाजी की कल्पनाएँ उनके भावों की सहचरी हैं। वे सुशीला स्त्रियों की भाँति पति के पीछे-पीछे चलती हैं। इसलिए उनका काव्य पुरुष-काव्य है। उनके चित्रों में रंगीनी उतनी नहीं जितना प्रकाश है! अथवा यह कहें कि रंगों के प्रदर्शन के लिए चित्र नहीं हैं, चित्र के लिए रंग हैं। काव्य-सौन्दर्य की वे बारीकियाँ जो आजीवन काव्यानुशीलन से ही प्राप्त होती हैं, उनकी विविधताएँ और अनोखी भंगिमाएँ निरालाजी की रचना में सन्निहित करने का प्रयास नहीं है। वे मुद्राएँ जो सम्प्रदाय-विशेष के कवियों में दिखाई देकर उनकी विशिष्टता का निर्माण करती हैं, अभ्यास द्वारा जिन्हें पुष्ट करना ही उन कवियों का लक्ष्य बन जाता है, निरालाजी का लक्ष्य नहीं है; परन्तु उनका एक व्यक्तित्व जिसमें व्यापक जीवन-धारा के सौन्दर्य का सन्निवेश है, जिसमें ओज के साथ (जो इस युग की मौलिक-सृष्टि का परिचायक है) एक सुकोमल सौहार्द (जो सहानुभूति का परिचायक है) का समाहार है, उनके काव्य में सुस्पष्ट हैं। इन उभय उपकरणों के साथ (जो एक साथ अत्यन्त विरल हैं) कवि की दार्शनिक अभिरुचि कविता की श्री सम्पन्नता में पूर्ण योग देती है। गेय पदों की शाब्दिक सुघरता, संक्षेप में विस्तृत आशय की अभिव्यक्ति, सुन्दर परिसमाप्ति और प्रकाश निरालाजी के काव्य को दर्शन द्वारा उपलब्ध हुए हैं। और मैं यह कह चुका हूँ कि सौन्दर्य की प्रतिमाएँ निरालाजी ने व्यक्तिगत जीवनानुभव से संघटित की हैं।

निरालाजी में पूर्ण मानवोचित सहृदयता और तन्मयता के साथ उच्च कोटि का दार्शनिक अनुबन्ध है। अतएव उनके गीत भी मानव-जीवन के प्रवाह से निखरे हुए, फिर प्रकाश से चमकते हुए हैं। उनमें क्लिष्ट कल्पनाओं और उड़ानों का अभाव है; किन्तु यही उनकी विशेषता है। उन्हें हमारे एकाध नवयुग-प्रवर्तक की भाँति समय-समय पर पट-परिवर्तन कर कई बार जीवन में मरण देखने की नौबत नहीं आई।

वे आरम्भ से ही एकरस हैं और सम्भवत: अन्त तक रहेंगे। यही उनकी नैसर्गिकता है, यही मानवोचित विशिष्टता है। सम्भव है, कविता में कल्पना के इन्द्रजाल देखने की अधिक कामना रखनेवालों को इन गीतों से अधिक सन्तोष न हो, किन्तु उनमें जो गुण हैं, कला की जो भंगिमाएँ, प्रकाश-रेखाओं की जैसी सूक्ष्म अथच मनोरम गतियाँ हैं, वे इन्हीं में हैं और हिन्दी में ये विशेषताएँ कम उपलब्ध होती हैं। इन गीतों में असाधारण जीवन-परिस्थितियों और भावनाओं का अधिक प्रत्यक्षीकरण नहीं है, इसका आशय यही है कि इनमें जीवन के किसी एक अंश का अतिरेक नहीं है। इनमें व्यापक जीवन का प्रखर प्रवाह और संयम है। गीत के साथ आनन्द और विवेक के साथ भी आनन्द मिला हुआ है। दोनों के संयोग से बना हुआ यह गीति काव्य विशेष स्वस्थ सृष्टि है।

परन्तु इस विश्लेषण का यह अर्थ नहीं है कि निरालाजी रहस्यवादी कवि नहीं हैं। रहस्यवाद तो इस युग की प्रमुख चिन्ताधारा है। परोक्ष की रहस्यपूर्ण अनुभूति से उनके गीत सज्जित हैं। रहस्य की कलात्मक अभिव्यक्ति की जो बहुबिध चेष्टाएँ आधुनिक हिन्दी में की गई हैं, उनमें निरालाजी की कृतियाँ विशेष उल्लेखनीय हैं। कुछ कवियों ने तो रहस्यपूर्ण कल्पनाएँ ही की हैं; किन्तु निरालाजी के काव्य का मेरुदण्ड ही रहस्यवाद है। उनके अधिकांश पदों में मानवीय जीवन के ही चित्र हैं सही; किन्तु वे सब-के-सब रहस्यानुभूति से अनुरञ्जित हैं। जैसे सूरदासजी के पद अधिकांश; श्रीकृष्ण की लोक-लीला से सम्बद्ध होते हुए भी अध्यात्म की ध्वनि से आपूरित हैं, वैसे ही निरालाजी के भी पद हैं। इस रहस्य-प्रवाह के कारण कवि के रचित साधारण जीवन के गीत भी असाधारण आकर्षण रखते हैं; किन्तु उनके अनेक पद स्पष्टत: रहस्यात्मक भी हैं। 'अस्ताचल रवि जल छल-छल छवि' जैसे पदों में रहस्यपूर्ण वातावरण की सृष्टि की गई है। 'हुआ प्रात प्रियतम तुम जाओगे चले' जैसे पदों में परकीया की उक्ति के द्वारा प्रेम-रहस्य प्रकट किया गया है। 'देकर अन्तिम कर रवि गए अपर पार' जैसे संध्यावर्णन के पद में भी प्रकृति की सौम्य मुद्राएँ और भाव-भंगियाँ अंकित कर रहस्य-सृष्टि की गई है। इनसे भी ऊपर उठकर उन्होंने शुद्ध Impersonal (परोक्ष) के भी ज्योति चित्र उपस्थित किये हैं; जैसे 'तुम्हीं गाती हो अपना गान, व्यर्थ मैं पाता हूँ सम्मान' आदि पदों में। ऐसे गीतों में कतिपय प्रार्थना-परक और कतिपय वस्तु-निर्देश-परक हैं। कहीं शुद्ध अमूर्त प्रकाश मात्र और कहीं मूर्त कामिनी यामा आदि रूप हैं। निरालाजी की विशेषता इसी अमूर्त प्रकाश की अभिव्यक्ति-कला का अनुलेखन है। यदि उनका कोई विशेष सम्प्रदाय या अनुयायी वर्ग माना जाय, तो वह यही है और वास्तव में निरालाजी के अनुयायी इसी का अभ्यास भी कर रहे हैं। मूर्त, रूप में प्रकट होनेवाले प्रकाश-चित्र भी निरालाजी की तूलिका की विशेषता लिये हुए हैं। वह विशेषता यही है कि रूप-रंगों में प्रकट होकर भी वे अमूर्त का ही अभिव्यञ्जन करते हैं। इन पदों में प्रेमा भक्ति की पराकाष्ठा

प्राप्त हुई है। 'प्रिय, यामिनी जागी' जैसे पदों में इस युग के कवि के द्वारा भक्तों की, श्रीराधा की ही अवतारणा हुई है। इस स्थिति से एक सीढ़ी नीचे उतरने पर, या इस पर से ही, निरालाजी के मानवीय चित्रण आरम्भ होते हैं जिनके सम्बन्ध में मैं ऊपर कह चुका हूँ। इनमें अनहोनी परिस्थितियाँ नहीं हैं, संयमित जीवन-सौन्दर्य का आलेखन है; यद्यपि इनमें कोई रहस्य प्रकट नहीं तथापि रहस्यवादी कवि का स्वर सर्वत्र व्याप्त है। इसी से इन पदों में असाधारण आकर्षण आया है। कला की दृष्टि से भी इन गीतों में लौकिक की अवतारणा अलौकिक स्तर से ही हुई है। इससे सिद्ध है कि निरालाजी के इन गीतों में भी रहस्यवाद की साहित्य-साधना का ही विकास हुआ है।

यदि कोई पूछे कि ऐसी साहित्य-साधना का इस युग में क्या प्रयोजन है अथवा, दूसरे शब्दों में, निरालाजी प्रभृति कवियों का जीवनोद्‌देश्य या सन्देश क्या है, तो यह एक अतिशय गम्भीर प्रश्न होगा। यों तो साहित्य-साधना का प्रयोजन स्वयं उस साधना में निहित सौन्दर्य या आनन्द ही है; परन्तु किसी विशेष युग में किसी विशेष प्रकार की काव्य-सृष्टि का कुछ विशेष प्रयोजन भी होता ही है। इस स्थान पर मैं इस समस्या पर कोई विशेष विचार न कर सकूँगा। स्थानाभाव और समयाभाव के अतिरिक्त भी इसके कई कारण हैं। अपने युग की निगूढ़ विचारधाराओं या साधना-परिपाटियों का उद्‌घाटन प्राय: अप्रासङ्गिक होता और उद्‌देश्य की सिद्धि करने में असफल रह जाता है। मतभेद और उत्तेजना की भी कम सम्भावना नहीं रहती। प्रत्येक व्यक्ति का पृथक् व्यक्तित्व होने के कारण अधिक अच्छा यही है कि अपनी-अपनी लेखनी से ही सबके अपने-अपने मर्म प्रकट हों। यद्यपि इन कारणों से मैं अभिभूत नहीं हूँ तथापि इस अवसर पर मौन रहना और समय की प्रतीक्षा करना ही उचित समझता हूँ।

किन्तु आधुनिक काव्य के कुछ ऐसे स्पष्ट लक्ष्य जो सबकी दृष्टि में आ गये हैं, लिख देने में कोई हानि भी नहीं है। विशेष कर निरालाजी की काव्य-धारा उनके जीवन से अनुप्रेरित होने के कारण और भी सुनिर्दिष्ट और स्पष्ट-सी है। व्यापक जीवन से सहानुभूति, प्रत्येक स्थिति की स्वीकृति और उसी में सौन्दर्यान्वेषण का लक्ष्य रखते हुए निरालाजी का काव्य-भाव प्रकट हुआ है। आनन्द की सार्वत्रिक खोज और अभेद भाव से इन्द्रियों की परितृप्ति का पथ स्वीकार करते हुए भी वे मन-बुद्धि की सात्त्विक प्रेरणाओं से अधिक परिचालित हुए हैं। नव युग की नवीन साधना में दत्तचित्त होने के कारण प्राचीन रूढ़ियों और नियमों की अमान्यता काव्य-कला के ऐतिहासिक अध्ययन और समदर्शी (Catholic) विचार में बाधक हो रही है। पाश्चात्य कला-परिपाटी, स्वर तथा संगीत का अभ्यास भी इन रचनाओं में लक्षित है; किन्तु न तो मैं यहाँ उन सबका उद्धरण सहित प्रमाण दे सकता हूँ, न उनकी मीमांसा का प्रयत्न कर सकता हूँ। मेरी इच्छा थी कि इन गीतों में काव्य-कला की जो सुन्दर

स्फुरणाएँ और अभिव्यक्तियाँ हैं, उनका भी उल्लेख करूँ और परिचय दूँ; किन्तु उसका भी अवकाश न मिला। इन पद्यों में भाषा सम्बन्धिनी कुछ नवीनताएँ भी हैं, जिनमें एक यह है—सम्मान के लिए 'तुम' से आरम्भ होनेवाले वाक्य के क्रियापद के साथ अनुस्वार, जैसे 'तुम जाती थीं' और समानता के लिए अनुस्वारहीन 'जाती थी'। ऐसे ही कुछ अन्य प्रयोग हैं जो पाठकों को आप ही दिखाई देंगे!

—नन्ददुलारे वाजपेयी

नागरी-प्रचारिणी सभा
काशी
10.8.36

वर दे, वीणावादिनि, वर दे!

वर दे, वीणावादिनि, वर दे!
प्रिय स्वतन्त्र-रव अमृत-मन्त्र नव
भारत में भर दे!

काट अन्ध-उर के बन्धन-स्तर
बहा जननि, ज्योतिर्मय निर्झर;
कलुष-भेद-तम हर प्रकाश भर
जगमग जग कर दे!

नव गति, नव लय, ताल-छन्द नव,
नवल कण्ठ, नव जलद-मन्द्र रव;
नव नभ के नव विहग-वृन्द को
नव पर, नव स्वर दे!

(प्रिय) यामिनी जागी

(प्रिय) यामिनी जागी।
असल पंकज-दृग अरुण-मुख-
तरुण-अनुरागी।

खुले केश अशेष शोभा भर रहे
पृष्ठ-ग्रीवा-बाहु-उर पर तर रहे;
बादलों में घिर अपर दिनकर रहे,
ज्योति की तन्वी, तड़ित-
द्युति ने क्षमा माँगी।

हेर उर-पट फेर मुख के बाल,
लख चतुर्दिक चली मन्द मराल,
गेह में प्रिय-स्नेह की जय-माल,
वासना की मुक्ति, मुक्ता
त्याग में तागी।

सखि, वसन्त आया

सखि. वसन्त आया।
भरा हर्ष वन के मन,
नवोत्कर्ष छाया।

किसलय-वसना नव-वय-लतिका
मिली मधुर प्रिय-उर तरु-पतिका,
मधुप-वृन्द बन्दी—
पिक-स्वर नभ सरसाया।

लता-मुकुल-हार-गन्ध-भार भर,
बही पवन बन्द मन्द मन्दतर,
जागी नयनों में वन-
यौवन की माया।

आवृत सरसी-उर-सरसिज उठे,
केशर के केश कली के छुटे,
स्वर्ण-शस्य-अंचल
पृथ्वी का लहराया।

सोचती अपलक आप खड़ी

सोचती अपलक आप खड़ी,
खिली हुई वह विरह-वृन्त की
कोमल कुन्द-कली!

नयन गगन, नवनील गगन में
लीन हो रहे थे निज धन में,
यह केवल जीवन के वन में
छाया एक पड़ी।

आप बह गयी मृदुल समीरण
हिला वसन, कुछ गिरा स्वेद-कण
यह जैसी वैसी ही निर्जन
नभ में गहन गड़ी।

चमका हीरक-हार हृदय का,
पाया अमर प्रसाद प्रणय का,
मिला तत्त्व निर्मल परिणय का,
लौटी स्नेह-भरी।

नयनों में हेर प्रिये

नयनों में हेर प्रिये,
मुझे तुमने ये वचन दिये—

'तुम्हीं हृदय के सिंहासन के
महाराज हो, तन के, मन के;
मेरे मरण और जीवन के
कारण-जाम पिये।

'मेरी वीणा के तारों में,
बँधे हुए हो झंकारों में,
उर के हीरों के हारों में
ज्योति अपार लिये।

'मेरे तप के तुम्हीं अमर वर,
हृदय-कम्प के जलद-मन्द्र स्वर,
मेरी तृष्णा के करुणाकर,
तृप्ति-प्रेम-सर हे।'

मौन रही हार

मौन रही हार,
प्रिय-पथ पथ पर चलती,
सब कहते शृंगार!

कण-कण कर कङ्कण, प्रिय
किण-किण रव किङ्किणी,
रणन-रणन नूपुर, उर लाज,
लौट रिङ्कणी;

और मुखर पायल स्वर करें बार-बार,
प्रिय-पथ पर चलती, सब कहते शृंगार!

'शब्द सुना हो, तो अब
लौट कहाँ जाऊँ?
उन चरणों को छोड़, और
शरण कहाँ पाऊँ?'—

बजे सजे उर के इस सुर के सब तार—
प्रिय-पथ पर चलती, सब कहते शृंगार!

अमरण भर वरण-गान

अमरण भर वरण-गान
वन-वन उपवन-उपवन
जागी छवि, खुले प्राण।

वसन विमल तनु-वल्कल,
पृथु उर सुर-पल्लव-दल
उज्ज्वल दृग कलि कल, पल
निश्चल, कर रही ध्यान।

मधुप-निकर कलरव भर,
गीति-मुखर पिक प्रिय-स्वर,
स्मर-शर हर केशर झर,
मधु-पूरित गन्ध, ज्ञान।

बह चली अब अलि, शिशिर-समीर!

बह चली अब अलि, शिशिर-समीर!

काँपीं भीरु मृणाल वृन्त पर
नील-कमल-कलिकाएँ थर-थर,
प्रात-अरुण को करुण अश्रु भर
लखतीं अहा अधीर!

वन-देवी के हृदय-हार से
हीरक झरते हरसिंगार के,
बेध गया उर किरण-तार के
विरह-राग का तीर।

विरह-परी-सी खड़ी कामिनी
व्यर्थ बह गयी शिशिर-यामिनी,
प्रिय के गृह की स्वाभिमानिनी
नयनों में भर नीर!

पावन करो नयन!

पावन करो नयन!

रश्मि, नभ-नील-पर,
सतत शत रूप धर,
विश्व-छवि में उतर,
लघु-कर करो चयन!

प्रतनु, शरदिन्दु-वर,
पद्म-जल-विन्दु पर,
स्वप्न-जागृति सुघर,
दुख-निशि करो शयन!

छोड़ दो, जीवन यों न मलो

छोड़ दो, जीवन यों न मलो।
ऐंठ अकड़ उसके पथ से तुम
रथ पर यों न चलो।
वह भी तुम-ऐसा ही सुन्दर,
अपने सुख-पथ का प्रवाह खर,
तुम भी अपनी ही डालों पर
फूलो और फलो।

मिला तुम्हें, सच है अपार धन,
पाया कृश उसने कैसा तन!
क्या तुम निर्मल, वही अपावन?—
सोचो भी, सँभलो।

जग के गौरव के सहस्त्र-दल
दुर्बल नालों ही पर प्रतिपल
खिलते किरणोज्ज्वल चल-अचपल,
सकल अमंगल खो—

वहीं विटप शत-वर्ष-पुरातन
पीन प्रशाखाएँ फैला घन
अन्धकार ही भरता क्षण-क्षण
जन-भय-भावन हो।

मेरे प्राणों में आओ!

मेरे प्राणों में आओ!
शत शत, शिथिल, भावनाओं के
उर के तार सजा जाओ!

गाने दो प्रिय, मुझे भूलकर
अपनापन-अपार जग सुन्दर,
खुली करुण उर की सीपी पर
स्वाती-जल नित बरसाओ!

मेरी मुक्ताएँ प्रकाश में
चमकें अपने सहज हास में,
उनके अचपल भ्रू-विलास में
लास-रंग-रस सरसाओ!

मेरे स्वर की अनल-शिखा से
जला सकल जग जीर्ण दिशा से
हे अरूप, नव-रूप-विभा के
चिर स्वरूप पाके जाओ!

कौन तम के पार

कौन तम के पार?—(रे, कह)
अखिल-पल के स्रोत, जल-जग,
गगन घन-घन-धार (रे, कह)

गन्ध - व्याकुल - कूल - उर - सर,
लहर - कच कर कमल - मुख - पर,
हर्ष - अलि हर स्पर्श - शर, सर
गूँज बारम्बार!—(रे, कह)

उदय में तम-भेद सुनयन,
अस्त-दल ढक पलक-कल तन,
निशा-प्रिय-उर-शयन सुख-धन
सार या कि असार?—(रे, कह)

बरसता आतप यथा जल
कलुष से कृत सुहृत कोमल
अशिव उपलाकार मंगल,
द्रवित जल नीहार!—(रे, कह)

बादल में आये जीवन-धन

बादल में आये जीवन-धन।
अपल-नयन सुवास-यौवन नव
देख रही तरुणी कोमल-तन।

मरुत्-पुलक भर अंग प्रकम्पित
बार-बार देखती चपल-चित

स्पर्श-चकित कर्षित हो हर्षित,
लक्ष्य पार करती चल-चितवन।
नव-अपांग-शर-हत व्याकुल-उर
आतुर वारिद वारि-धार स्फुर,
उगा रहा उर में प्रेमांकुर,
मधुर-मधुर कर-कर प्रशमित मन।

बरस गयी जल-धार विश्व-सृज,
शैवलिनी पा गयी उदधि निज,
मुक्त हुए आ स्नेह के क्षितिज,
रूप-स्पर्श-रस-गन्ध-शब्द धन।

रूखी री यह डाल

रूखी री यह डाल, वसन वासन्ती लेगी।
देख खड़ी करती तप अपलक,
हीर - कसी समीर - माला जप,
शैल - सुता अपर्ण - अशना,
पल्लव-वसना बनेगी—
वसन वासन्ती लेगी।

हार गले पहना फूलों का,
ऋतुपति सकल सुकृत-कूलों का
स्नेह सरस भर देगा उर-सर,
स्मरहर को वरेगी।
वसन वासन्ती लेगी।

मधु-व्रत में रत वधू मधुर फल,
देगी जग को स्वाद-तोष-दल,
गरलामृत शिव आशुतोष-बल
विश्व सकल नेगी,
वसन वासन्ती लेगी।

जागो, जीवन-धनिके!

जागो, जीवन-धनिके!
विश्व-पण्य-प्रिय वणिके!

दु:ख-भार भारत तम-केवल,
वीर्य-सूर्य के ढके सकल दल,
खोलो उषा-पटल निज कर अयि,
छविमयि, दिन-मणिके!

गह कर अकल तूलि, रँग-रँगकर
बहु जीवनोपाय, भर दो घर,
भारति, भारत को फिर दो वर
ज्ञान-विपणि-खनि के।

दिवस-मास-ऋतु-अयन-वर्ष भर
अयुत-वर्ण युग-योग निरन्तर
बहते छोड़ शेष सब तुम पर
लव-निमेष-कपिके!

मन चंचल न करो!

मन चंचल न करो!
प्रतिपल अंचल से पुलकित कर
केवल हरो,—हरो—(मन...)

तुम्हें खोजता मैं निर्जन में
भटकूँ जब घन जीवन-वन में
भेद गहनतम मनोगगन में
ज्योतिर्मयि उतरो!

मुँदे पलक जब निशाशयन में,
लगे प्रबल मन कल्प-वयन में,
मिला उसे तुम मोह-अयन में
स्वप्न-स्वरूप धरो!

तुम्हीं रहो, मिल जाय जगत सब
एक तत्त्व में, ज्यों भव-कलरव,
ज्योत्स्नामयि तम को किरणासव
पिला, मिला उर लो!

दृगों की कलियाँ नवल खुलीं

दृगों की कलियाँ नवल खुलीं;
रूप-इन्दु से सुधा-विन्दु लह,
रह-रह और तुलीं।

प्रणय-श्वास के मलय-स्पर्श से
हिल-हिल हँसतीं चपल हर्ष से
ज्योति-तप्त-मुख, तरुण वर्ष के
कर से मिली जुलीं।

नहा स्नेह का पूर्ण सरोवर
श्वेत-वसन लौटीं सलाज घर
अलख सखा के ध्यान-लक्ष्य पर
डूबीं, अमल धुलीं।

अनगिनित आ गये शरण में

अनगिनित आ गये शरण में जन, जननि,—
सुरभि-सुमनावली खुली, मधुऋतु अवनि!

स्नेह से पङ्क-उर
हुए पङ्कज मधुर,
ऊर्ध्व-दृग गगन में
देखते मुक्ति-मणि!

बीत रे गयी निशि,
देश लख हँसी दिशि,
अखिल के कण्ठ की
उठी आनन्द-ध्वनि!

सरि, धीरे बह री!

सरि, धीरे बह री!
व्याकुल उर, दूर मधुर,
तू निष्ठुर, रह री!

तृण थरथर कृश तन-मन,
दुष्कर के साधन,
ले घट श्लथ लखती, पथ
पिच्छल तू गहरी!

भर मत री राग प्रबल
गत हासोज्ज्वल निर्मल—
मुख-कलकल छवि की छल
चपला-चल लहरी!

नर-जीवन के स्वार्थ सकल

नर-जीवन के स्वार्थ सकल
बलि हों तेरे चरणों पर, माँ,
मेरे श्रम-सञ्चित सब फल।

जीवन के रथ पर चढ़कर,
सदा मृत्यु-पथ पर बढ़कर,
महाकाल के खरतर शर सह
सकूँ, मुझे तू कर दृढ़तर;
जागे मेरे उर में तेरी
मूर्ति अश्रुजल-धौत विमल,
दृग-जल से पा बल, बलि कर दूँ
जननि, जन्म-श्रम-सञ्चित फल।

बाधाएँ आयें तन पर,
देखूँ, तुझे नयन-मन भर,
मुझे देख तू सजल दृगों से
अपलक, उर के शतदल पर;
क्लेदयुक्त अपना तन दूँगा,
मुक्त करूँगा तुझे अटल
तेरे चरणों पर देकर बलि
सकल श्रेय—श्रम सञ्चित फल।

लिखती, सब कहते

लिखती, सब कहते,
तुम सहते, प्रिय सहते।

होते यदि तुम नहीं,
लिखती मैं क्या कहो?
पत्रों में तुम हो सर्वत्र,
रहोगे, रहो।
(वे) कहें, रहें कहते,
तुम सहते, प्रिय, सहते।

मैं लिखती या बहती
स्रोत पर तुम्हारे ही रहती,
इसी तरह उर पर रख, मधुर,
कहो, तुम कहो;
(जब) चाह, तुम्हें चहते,
तब कहते, सब कहते।

जग का एक देखा तार

जग का एक देखा तार।
कण्ठ अगणित, देह सप्तक,
मधुर स्वर-झंकार।

बहु सुमन, बहुरंग, निर्मित एक सुन्दर हार;
एक ही कर से गुँथा, उर एक शोभा-भार।
गन्ध-शत अरविन्द-नन्दन विश्व-वन्दन-सार,
अखिल-उर-रञ्जन निरञ्जन एक अनिल उदार।

सतत सत्य, अनादि निर्मल सकल सुख-विस्तार;
अयुत अधरों में सुसिञ्चित एक किञ्चित प्यार।
तत्त्व-नभ-तम में सकल-भ्रम-शेष, श्रम-निस्तार,
अलक-मण्डल में यथा मुख-चन्द्र निरलंकार।

तुम छोड़ गये द्वार

तुम छोड़ गये द्वार
तब से यह सूना संसार।

अपने घूँघट में मैं ढककर
देखती रही भीतर रखकर,
पवनाञ्चल में जैसे सुखकर
मुकुल सुरभि-भार।

गये सब पराग, नहीं ज्ञात,
शून्य डाल, रही अन्ध रात,
आयेगा फिर क्या वह प्रात,
भरकर वह प्यार?

गाया जो राग, सब बहा,
केवल मिजराब ही रहा,
खिंचा हुआ हाथ शून्य
यह सितार, तार!

शुष्क कण्ठ, तृष्णा में भरकर
रही आप अपने में मरकर;
गयी किस पवन से हर
स्वर की झङ्कार?

कल्पना के कानन की रानी!

कल्पना के कानन की रानी!
आओ, आओ मृदु-पद, मेरे
मानस की कुसुमित वाणी!
सिहर उठें पल्लव के दल, नव अंग;
बहे सुप्त परिमल की मृदुल तरंग;
जागे जीवन की नव ज्योति अमन्द;
हिले वसन्त-समीर-स्पर्श से
वसन तुम्हारा धानी।

मार्ग मनोहर हो मेरे जीवन का;
खुल जाये पथ रूँधा कण्टक-वन का;
धुल जाये मल मेरे तन का, मन का;
देख तुम्हारी मूर्ति मनोहर
रहें ताकते ज्ञानी।

मेरे प्राणों के प्याले को भर दो;
प्रिये, दृगों के मद से मादक कर दो;
मेरी अखिल पुरातन-प्रियता हर दो;
मुझको एक अमर वर दो,
मैंने जिसकी हठ ठानी।

पास ही रे, हीरे की खान

पास ही रे, हीरे की खान,
खोजता कहाँ और नादान?
कहीं भी नहीं सत्य का रूप,
अखिल जग एक अन्ध-तम-कूप,
ऊर्मि-घूर्णित रे, मृत्यु महान,
खोजता कहाँ यहाँ नादान?

विश्व तेरे नयनों से फूट,
प्रश्न चित्रों का फैला कूट;
साँस तेरी बनती तूफान,
बहा ले जाती तन-मन-प्राण,
डूब जाता तेरा जल-यान,
खोजता कहाँ यहाँ नादान?

दैत्य-जड़-दंष्ट्राओं के बीच
पीसता तू ही अपनी मीच;
उठा जब, उच्च; गिरा, तब नीच;
मिला, तो मृदुल; गया, पाषाण;
तुझी में सकल सृष्टि की शान,
खोजता कहाँ और नादान?

चक्र के सूक्ष्म छिद्र के पार,
बेधना तुझे मीन, शर मार,
चित्त के जल में चित्र निहार,
कर्म का कार्मुक कर में धार,
मिलेगी कृष्णा, सिद्धि महान,
खोजता कहाँ उसे नादान?

एक तू ही उर से रस खींच
भावनाओं के द्रुम-दल-बीच,
खोल देता दृग-जल से सींच
कामना की कलियों के प्राण;
बेचता, तू ही रे निज ज्ञान,
खोजता फिरता फिर नादान?

व्यर्थ की चिन्ता में चित डाल,
गूँथ अपना ही—माया-जाल,
फँसा पग अपने तू तत्काल
बुलाता औरों को बेहाल;
सकल तेरा आदान-प्रदान;
खोजता कहाँ उसे नादान?

स्पर्श-मणि तू ही, अमल, अपार
रूप का फैला पारावार,
व्यष्टि में सकल सृष्टि का सार
कामिनी की लज्जा, श्रृंगार
खोलते खिलते तेरे प्राण,
खोजता कहाँ उसे नादान?

याद रखना, इतनी ही बात

याद रखना, इतनी ही बात।
नहीं चाहते, मत चाहो तुम
मेरे अर्घ्य, सुमन-दल, नाथ!

मेरे वन में भ्रमण करोगे जब तुम,
अपना पथ-श्रम आप हरोगे जब तुम,
ढक लूँगी मैं अपने दृग-मुख,
छिपा रहूँगी गात।

सरिता के उस नीरव निर्जन तट पर
आओगे जब मन्द-चरण तुम चलकर,
मेरे शून्य घाट के प्रति, करुणाकर,
देखोगे नित प्रात।

मेरे पथ की हरित लताएँ, तृण-दल,
मेरे श्रम-सिञ्चित, देखोगे, अचपल,
पलकहीन नयनों से तुमको प्रतिपल
हेरेंगे अज्ञात!

मैं न रहूँगी जब, सूना होगा जग,
समझोगे तब, यह मंगल-कलरव सब
था मेरे ही स्वर से सुन्दर जगमग;
चला गया सब साथ।

कहाँ उन नयनों की मुसकान

कहाँ उन नयनों की मुसकान,
खोल देती द्रुत परिचय, प्राण?

पल्लवित तनु की तन्वी ज्योति,
जगमगा जीवन के सब पात,
सहस्रों सुख स्मृतियों की तान
तरंगों में उठ, फिर-फिर काँप,
तड़ित पथ की-सी चकित अजान
खोल देती द्रुत परिचय, प्राण।

अर्थ से रहित दृष्टि अश्लेष,
शून्य में एक पूर्ण अवशेष,
प्रिया आजानु-विलम्बित-केश
शेष तनु में अशेष-निर्देश,
ज्ञान में भी पूरी नादान,
खोल देती द्रुत परिचय, प्राण।
विजन की श्री सुहाग अम्लान,
जाग, फिर कर प्रभात-सर-स्नान,

रेणु के राग किये श्रृंगार
सहज जगमग जग रही निहार,
मौन पिक-प्रिय-उर में आह्वान
खोल देती द्रुत परिचय, प्राण।

स्पर्श से लाज लगी

स्पर्श से लाज लगी;
अलक-पलक में छिपी छलक
उर से नव-राग जगी।

चुम्बन-चकित चतुर्दिक चंचल
हेर, फेर मुख, कर बहु सुख-छल,
कभी हास, फिर त्रास, साँस-बल
उर-सरिता उमगी।

प्रेम-चयन के उठा नयन नव,
विधु-चितवन, मन में मधु-कलरव;
मौन पान करती अधरासव
कण्ठ लगी उरगी।

मधुर स्नेह के मेह प्रखरतर
बरस गये रस-निर्झर झरझर,
उगा अमर-अंकुर उर-भीतर
संसृति-भीति भगी।

कौन तुम शुभ्र-किरण-वसना?

कौन तुम शुभ्र-किरण-वसना?
सीख केवल हँसना—केवल हँसना—
शुभ-किरण-वसना!

मन्द मलय भर अंग-गन्ध मृदु
बादल अलकावलि कुञ्चित-ऋजु
तारक हार, चन्द्र मुख, मधु ऋतु,
सुकृत-पुञ्ज-अशना।

नहीं लाज, भय, अनृत, अनय, दुख
लहराता उर मधुर प्रणय-सुख,
अनायास ही ज्योतिर्मय-मुख
स्नेह-पाश-कसना।

चञ्चल कैसे रूप-गर्व-बल
तरल सदा बहतीं कल-कल-कल,
रूप राशि में टलमल-टलमल,
कुन्द-धवल-दशना।

एक ही आशा में

एक ही आशा में, सब प्राण
बाँध माँ, तन्त्री के-से गान।

तोल तू उच्च-नीच समतोल
एक तरु के-से सुमन अमोल,
सकल लहरों में एक उठान
उठा माँ, तन्त्री के-से गान।

सकल कर्मों में एक उदार
भावना का कर दे सञ्चार,
एक सब नयनों में पहचान
खोल माँ, तन्त्री के-से गान।

सकल मार्गों से चलकर एक
लक्ष्य पर पहुँचे लोग अनेक,
सकल-शुभ-फलप्रद एक विधान
बाँध माँ, तन्त्री के-से गान।

धन्य कर दे माँ

धन्य कर दे माँ, वन्य प्रसून;
दिखा जग ज्योतिर्मय, मुख चूम।
दलों के दृग कलिका के बन्द,
भर गयी पर उर में मृदु गन्ध,
कृपामयि, मलय बहा दे मन्द,
वन्दना करे छन्द में झूम।

तारकोज्ज्वल हीरक-हिम-हार
गगन से पहना दे कर प्यार,
सजा दे, प्रिय-पथ पर प्रतिवार
लजाती रहे स्नेह-दल तूम।

वह रूप जगा उर में

वह रूप जगा उर में
बजी मधुर वीणा जिस सुर में?

कहता है कोई, तू उठ अब,
खुले हृदय-शतदल दल सब,
अर्घ्य चढ़ा उनको जो जब तब
आते हैं तेरे मधुपुर में—
वह रूप जगा सुर में।

अब तक मैं भूली थी क्या, बता,
उनका क्या यही सही है पता?
वे ही क्या, मेरे उर की लता
हिल उठती जिन्हें देख उर में—
वह रूप जगा सुर में?

प्यार करती हूँ अलि

प्यार करती हूँ अलि, इसलिए मुझे भी करते हैं वे प्यार।
बह गयी हूँ अजान की ओर, तभी यह बह जाता संसार।
रुके नहीं धनि, चरण घाट पर,
देखा मैंने मरण बाट पर,
टूट गये सब आट-ठाट, घर,
छूट गया परिवार।

आप बही या बहा दिया था,
खिंची स्वयं या खींच लिया था,
नहीं याद कुछ कि क्या किया था,
हुई जीत या हार।

खुले नयन जब, रही सदा तिर
स्नेह-तरंगों पर उठ-उठ गिर,
सुखद पालने पर मैं फिर-फिर
करती थी श्रृंगार।

कर्म-कुसुम अपने सब चुन-चुन,
निर्जन में प्रिय के गिन-गिन गुण,
गूँथ निपुण कर से, उनको, सुन,
पहनाया था हार।

जला दे जीर्ण-शीर्ण प्राचीन

जला दे जीर्ण-शीर्ण प्राचीन;
क्या करूँगा तन जीवन-हीन?

माँ, तू भारत की पृथ्वी पर
उतर रूपमय माया तन धर,
देवव्रत नरवर पैदा कर
फैला शक्ति नवीन—

फिर उनके मानस-शतदल पर
अपने चारु चरणयुग रख कर,
खिला जगत तू अपनी छवि में
दिव्य ज्योति हो लीन!

अपने सुख-स्वप्न से खिली

अपने सुख-स्वप्न से खिली
वृन्त की कली।

उसके मृदु उर से
प्रिय अपने मधुपुर के
देख पड़े तारों के सुर से;
विकच स्वप्न-नयनों से मिली, फिर मिली,
वह वृन्त की कली।

भरे सुदल दिन सब,
है परिमल का कलरव,
निस्पन्द पलक-पत्रों पर उत्सव
जब बैठी प्रियतम की तितली—तितली,
वह खिली, फिर खिली।

भरा पवन में यौवन,
आया बह वन का मन,
मिला हृदय-निःस्वन अलि-गुञ्जन,
खुल गयी अपने के सपने से निकली
वह वृन्त की कली।

कब से मैं पथ देख रही

कब से मैं पथ देख रही, प्रिय;
उर न तुम्हारे रेख रही, प्रिय!

तोड़ दिये जब सब अवगुण्ठन,
रहा एक केवल सुख-लुण्ठन,
तब क्यों इतना विस्मय-कुण्ठन?
असमय-समय न करो, खड़ी, प्रिय!

प्रथम पलक खुलते ही देखा
चरण-चिह्न, नूतन पथ-रेखा,
उड़ी जलद-जीवन को केका,
क्या अब निष्फल सफल सही, प्रिय?

एक निमिष के लिए देख तन,
जीवन-धन कर चुकी समर्पण,
स्तब्ध चरण मैं आज निःशरण,
'हाँ' मैं रही विराज 'नहीं', प्रिय!

आओ मेरे आतुर उर पर

आओ मेरे आतुर उर पर,
नव जीवन के आलोक सुधर!

मुक्त-दृष्टि कलि, प्रस्फुट यौवन;
भर रहा हृदय बह मन्द पवन,
आकुल लहरों पर तन-जीवन;
आओ, नव कर, स्वर्ग से उतर!

यह काल क्षणिक यों बह न जाय,
अभिलषित अधूरी रह न जाय,
विरह की वह्नि प्रिय, दह न जाय,
तन्वि के तरुण, आओ सत्वर!

विश्व के सरोवर में नवीन
खुल रही कमल मैं वृन्तहीन,
वासना-मंजु साधनासीन;
आओ मर्म पर, मनोज्ञ भ्रमर!

देख दिव्य छवि लोचन हारे

देख दिव्य छवि लोचन हारे,
रूप अतन्द्र, चन्द्र मुख, श्रम रुचि,
पलक तरल तम, मृग-दृग-तारे।

द्वेष-दम्भ-दुख पर जय पाकर
खिले सकल नव अङ्ग मनोहर,
चितवन संसृति की सरिता तर
खड़ी स्नेह के सिन्धु-किनारे।

जग के रङ्गमञ्च की सङ्गिनि,
अयि परिहास-हास-रस-रङ्गिनि,
उर-मरु-पथ की तरल तरङ्गिनि,
दो अपने प्रिय स्नेह-सहारे।

स्नेह की सरिता के तट पर

स्नेह की सरिता के तट पर
चल रही युगल कमल-घट भर।

नयन-ज्योति में ज्ञान अकम्पित,
चली जा रही नत-मुख, विकसित,
जीवन के पथ पर अविचल-चित,
छवि अपार सुन्दर।

तृष्णाकुल होंगे प्रिय, जाओ,
सलिल-स्नेह मिल मधुर पिलाओ,
सब दुख श्रम हर लाज-रूप धर
अपनाओ सत्वर।

एक स्वप्न तम-जग-नयनों में
खिला रही सुख-द्रुम अयनों में,
रचना-रहित वचन-चयनों में
चकित सकल श्रुतिधर।

मुझे स्नेह क्या मिल न सकेगा?

मुझे स्नेह क्या मिल न सकेगा?
स्तब्ध, दरध मेरे मरु का तरु
क्या करुणाकर खिल न सकेगा?

जग के दूषित बीज नष्ट कर,
पुलक-स्पन्द भर, खिला स्पष्टतर,
कृपा-समीरण बहने पर, क्या
कठिन हृदय यह हिल न सकेगा?

मेरे दुख का भार, झुक रहा,
इसीलिए प्रति चरण रुक रहा,
स्पर्श तुम्हारा मिलने पर, क्या
महाभार यह झिल न सकेगा?

नयनों के डोरे लाल गुलाल-भरे

नयनों के डोरे लाल गुलाल-भरे, खेली होली!
जागी रात सेज प्रिय पति-सँग रति सनेह-रँग घोली,
दीपित दीप-प्रकाश, कंज-छवि मंजु-मंजु हँस खोली—
मली मुख-चुम्बन-रोली।

प्रिय-कर-कठिन-उरोज-परस कस कसक मसक गयी चोली,
एक-वसन रह गयी मन्द हँस अधर-दशन अनबोली—
कली-सी काँटे की तोली।

मधु-ऋतु-रात, मधुर अधरों की पी मधु सुध-बुध खो ली,
खुले अलक, मुँद गये पलक-दल, श्रम-सुख की हद हो ली—
बनी रति की छवि भोली।

बीती रात सुखद बातों में प्रात पवन प्रिय डोली,
उठी सँभाल बाल, मुख-लट, पट, दीप बुझा, हँस बोली—
रही यह एक ठिठोली।

प्रतिक्षण मेरा मोह-मलिन मन

प्रतिक्षण मेरा मोह-मलिन मन
उल्लसित चमत्कृत कर भरती हो
अजस्र रस-रूप-धन किरण।

देख तुम्हें जीवन की विद्युत्
बढ़ती शत-तरङ्ग-कम्पित द्रुत,
चुम्बित - मधुर - ज्योति-नयन-च्युत
खुल जाता कमल सित घन-वरण।

निशि-तम-डाल-मौन मेरा खग
उड़ जाता अनन्त नभ के नग,
रँग देता प्रसुप्त जग के रँग
गीत जागरण मंजुल अमरण।

खोलो दृगों के द्वय द्वार

खोलो दृगों के द्वय द्वार,
मृत्यु-जीवन ज्ञान-तम के
करण, कारण-पार।

उधर देखोगे, सुघरतर तुम्हीं दर्शन-सार,
मोह में थे दृप्त, जग परितृप्त बारम्बार।

यवनिका नव खोल देगा नाट्य-सूत्राधार;
लुब्ध करता जो सदा, वह मुग्ध होगा हार।

लखोगे, उर-कुञ्ज में निज कञ्ज पर निर्भार
अखिल-ज्योतिर्गठित छवि, कच पवन-तम-विस्तार।

बहिर-अन्तर एक पर होंगे, खिलेगा प्यार;
ऊर्ध्व-नभ-नग में गमन कर जायगा संसार।

तुम्हीं गाती हो

तुम्हीं गाती हो अपना गान;
व्यर्थ मैं पाता हूँ सम्मान।

मेरा पतझड़-हरा हृदय हर
पत्रों के मर्मर के सुखकर
तुम्हीं सुनाती हो नूतन स्वर
भर देती हो प्राण।

मेरा दुख अरण्य, किसलय-दल
ज्वाल, जली काली तुम कोयल,
दैन्य-डाल पर बैठी प्रतिपल
सुना रही हो तान।

भ्रम गोधूलि, धूसरित नभ-तन,
तुम शशि, कला-किरण-दृग-चुम्बन;
ज्ञान-तन्तु तुम, जग-अजान-मन-
शव-शिव-शक्ति महान।

मेघ के घन केश

मेघ के घन केश,
निरुपमे, नव वेश!—

चकित चपला के नयन नव,
देखती हो भू-शयन तव,
मन्द-लहरा-पट-पवन, रव
छा रहा सब देश।

उतर बैठी हो शिखर पर
भूल अपनापन विनश्वर;
गा रहे गुण अमर-मर-नर
पा रहे सन्देश।

झर रहा चिर श्रुत मधुर स्वर
निर्झरी के वक्ष को हर,
निर्निमेष खड़ी सुघर अयि,
लख रही निज शेष!

रँग गयी पग-पग धन्य धरा

रँग गयी पग-पग धन्य धरा,—
हुई जग जगमग मनोहरा।

वर्ण-गन्ध धर, मधु-मरन्द भर,
तरु-उर की अरुणिमा तरुणतर
खुली रूप-कलियों में पल भर
स्तर-स्तर सुपरिसरा।

गूँज उठा पिक-पावन-पञ्चम
खग-कुल-कलरव मृदुल मनोरम,
सुख के भय काँपती प्रणय-क्लम
वन-श्री चारुतरा।

प्राण-धन को स्मरण करते

प्राण-धन को स्मरण करते
नयन झरते-नयन झरते!

स्नेह ओत-प्रोत;
सिन्धु दूर, शशिप्रभा-दृग
अश्रु ज्योत्स्ना-स्रोत।
मेघमाला सजल-नयना
सुहृद उपवन को उतरते।

दु:ख-योग, धरा
विकल होती जब दिवस-वश
हीन तापकरा,
गगन नयनों के शिशिर झर
प्रेयसी के अधर भरते।

बह जाता रे, परिमल-मन

बह जाता रे, परिमल-मन,
नूतनतर कर भर जीवन।

कर लिये बन्द तूने अपार
उर के सौरभ के सरण-द्वार,
है तभी मरण रे, अन्धकार
घेरता तुझे आ क्षण-क्षण।

देख ले, सकल जल-बन्धन-बल
पार कर खिला वह श्वेतोत्पल,
उतरी प्राणों पर चरण-चपल
स्वर्ग की परी स्वर्ण-किरण।

रे, कुछ न हुआ, तो क्या?

रे, कुछ न हुआ, तो क्या?
जग धोका, तो रो क्या?

सब छाया से छाया,
नभ नीला दिखलाया,
तू घटा और बढ़ा

और गया और आया;
होता क्या, फिर हो क्या?
रे, कुछ न हुआ, तो क्या?

चलता तू, थकता तू,
रुक-रुक फिर बकता तू,
कमज़ोरी दुनिया हो, तो
कह क्या सकता तू?
जो धुला, उसे धो क्या?
रे, कुछ न हुआ तो क्या?

आओ मधुर-सरण मानसि, मन

आओ मधुर-सरण मानसि, मन।
नूपुर-चरण-रणन जीवन नित
वङ्किम चितवन चित-चारु मरण।

नील वसन शतद्रु-तन-ऊर्मिल,
किरणचुम्बि-मुख अम्बुज रे खिल,
अन्तस्तल मधु-गन्ध अनामिल,
उर-उर तव नव राग जागरण।

पलक-पात उत्थित-जग-कारण,
स्मिति आशा-चल-जीवन-धारण,
शब्द अर्थ-भ्रम-भेद-निवारण,
ध्वनि शाश्वत-समुद्र-जग-मज्जन।

निशि-दिन तन

निशि-दिन तन धूलि में मलिन;
क्षीण हुआ छन-छन मन छिन-छिन।

ज्योति में न लगती रे रेणु;
श्रुति-कटु स्वर नहीं वहाँ,
वह अछिद्र वेणु;
चाहता, बनूँ उस पग-पायल की रिन-रिन।

व्यर्थ हुआ जीवन यह भार;
देखा संसार, वस्तु
वस्तुत: असार;
भ्रम में जो दिया, ज्ञान में लो तुम गिन-गिन।

जीवन की तरी खोल दे रे

जीवन की तरी खोल दे रे
जग की उत्ताल तरङ्गों पर;
दे चढ़ा पाल कलधौत-धवल,
रे सबल, उठा तट से लङ्गर।

क्यों अकर्मण्य सोचता बैठ,
गिनता समर्थ हो व्यर्थ लहर;
आये कितने, ले गये अर्थ,
बढ़ विषम बड़वानल-जल तर।

बहती अनुकूल पवन, निश्चय
जय जीवन की है जीवन पर;
निरभ्र नभ, ऊषा के मुख पर
स्मिति किरणों की फूटी सुन्दर।

अपने ही जल से जो व्याकुल,
ले शक्ति, शान्ति, तर वह सागर;
तू तर्ण और हो पूर्ण सफल,
नत्र-नवोर्मियों के पार उतर।

सार्थक करो प्राण

सार्थक करो प्राण।
जननि, दुख-अवनि को
दुरित से दो त्राण!

स्पर्द्धान्ध जन, गात्र
जर्जर अहोरात्र,
शेष - जीवन - मात्र,
कुड्मल गताघ्राण।

चेतनाहीन मन
मानता स्वार्थ धन,
दष्ट ज्यों हो सुमन,
छिद्र-शत तनु-यान!

आयी परम्परा—
'जीत लूँगा धरा';
धृत-विश्व-वर-करा
अजया, गया ज्ञान।

घन, गर्जन से भर दो वन

घन, गर्जन से भर दो वन
तरु-तरु पादप-पादप-तन।

अब तक गुञ्जन-गुञ्जन पर
नाचीं कलियाँ, छवि निर्भर;
भौंरों ने मधु पी-पीकर
माना, स्थिर-मधु-ऋतु कानन।

गरजो हे मन्द्र, वज्र-स्वर;
थर्राये भूधर-भूधर,
झरझर झरझर धारा झर
पल्लव-पल्लव पर जीवन।

मार दी तुझे पिचकारी

मार दी तुझे पिचकारी,
कौन री, रँगी छवि वारी?

फूल-सी देह,—द्युति सारी,
हल्की तूल-सी सँवारी,
रेणुओं-मली सुकुमारी,
कौन री, रँगी छवि वारी?

मुसका दी, आभा ला दी,
उर-उर में गूँज उठा दी

फिर रही लाज की मारी,
मौन री रँगी छवि प्यारी।

गयी निशा वह, हँसीं दिशाएँ

गयी निशा वह, हँसीं दिशाएँ
खुले सरोरुह, जगे अचेतन,
बही समीरण जुड़ा नयन-मन,
उड़ा तुम्हारा प्रकाश केतन।

तमिस्र-संक्षर छिपे निशाचर
प्रभा-भयंकर विनाश से डर,
विनिद्र-खग-स्वर-मुखर दिगम्बर
बँधा दिवा के विकास के तन।

अलक्ष्य को लक्ष्य कर, सुखाधर
रहे कमल-दृग अभेद-जल तर,
निरुद्ध निज धर्म-कर्म कर कर,
विशुद्ध-आभास, सिद्धि के धन।

वे गये असह दुख भर

वे गये असह दुख भर
वारिद झरझर झरकर!

नदि-कलकल छल, छल-सी,
वह छवि दिगन्त-पल की
घन-गहन-गहन
बन्धु-दहन
असहन निस्तल की
कहती, 'प्रिय-पथ दुस्तर:—
वे गये असह दुख भर!'

जीवन के मङ्गल के
रवि अस्ताचल ढलके;
निशि, तिमिर-ग्रस्त,
वसन स्रस्त,
अस्त नयन छलके
तरुणी के, अम्बर पर।
वे गये असह दुख भर!

कितने बार पुकारा

कितने बार पुकारा,
खोल दो द्वार, बेचारा।

मैं बहुत दूर का, थका हुआ,
चल दुखकर श्रम-पथ, रुका हुआ,
आश्रय दो आश्रम-वासिनि,
मेरी हो तुम्हीं सहारा।

वह खुला न द्वार, दिवस बीता,
हो गयी निरर्थ सकल गीता,
मैं सोया पथ पर खिन्नमना
मुँद गयी दृष्टि ज्योतिःकारा।

फिर जाग कहीं भी मैं न गया,
आती थी आप दया सदया,
पर लेता कौन, प्रकाश नया
जीता, जङ्गम यह जग हारा।

रहा तेरा ध्यान

रहा तेरा ध्यान,
जग का गया सब अज्ञान।

गगन घन-विटपी, सुमन नक्षत्र-ग्रह, नव-ज्ञान
बीच में तू हँस रही ज्योत्स्ना-वसन परिधान।

देखने को तुझे बढ़ता विश्व पुलकित-प्राण,
सकल चिन्ता-दुरित-दुख-अभिमान करता दान।

वहाँ प्राणों के निकट परिचय, प्रथम आदान,
प्रथम मधु-संचय, नवल-वयसिके, नव सम्मान।

मौन इङ्गित से तरङ्गित, तरुणि, नव-युग-यान,
अरणियों की अग्नि, तू दिक्-दृगों की पहचान।

छिपा मन

(छिपा मन) बन्द करो उर-द्वार,
(फिर) सौरभ कर दो सञ्चार!

वह रँग-दल बदल-बदलकर,
नव-नव परिमल मल-मलकर,
जग-भौंर भुला भूलों से
पहनो फूलों का हार!

तुम नव समीर में गलकर
भर दो चुम्बन चल-चलकर,
अग-जग तत्त्वों में बिहरे—
मन सिहरे बारम्बार!

तुम कली-कली पग रखकर
प्रिय, चढ़ो गगन सुख दुख हर
नश्वर सीमा-संसृति में
मेरी सस्वर झङ्कार!

तुम्हें ही चाहा

तुम्हें ही चाहा सौ-सौ बार,
कण्ठ की तुम्हीं रही स्वर-हार।

तुम्हीं अपने गौरव की बान,
बनी वन की शोभा सुख-खान,
सुमन-शत-रङ्ग, सुवासाह्वान,
भ्रमर-उर की मधु-पुर की प्यार।

विश्व-पादप-छाया में म्लान—
मना बैठा; व्याकुल थे प्राण;
तिमिर तर, प्रभा-दृगों में ज्ञान
उतर आयी, तुम ले उपहार।

लजा लहरों की गति, मृदु-भङ्ग
मिली उर से फिर लता-लवङ्ग;
केलि-कलिकाओं में निस्सङ्ग
खुल गये गीतों के आकार।

चाल ऐसी मत चलो!

चाल ऐसी मत चलो!
सृष्टि से ही गिर रहा जो
दृष्टि से फिर मत छलो!

कह रहा हूँ जो कथा,
बज रही उसकी व्यथा?
या चरण चलते रहेंगे
निश्शरण पर सर्वथा?
सुख मिला जिसको जिलाया
दुःख दे मत दलमलो!
बनो वासन्ती मृदुल
पत्रिका तरु की अतुल,
फिर सुरस-सञ्चारिका
सुखसारिका उसकी मुकुल;
फिर मधुर मधुदान से नव
प्राण दे-देकर फलो।

बहती निराधार

बहती निराधार
पृथ्वी गगन में, अतनु में सुतनु-हार।

शब्द स्वर के भरे
रागिनी के हरे
छाये दिशा-ज्ञान
विचरे अनिल-भार।

नाचतीं ऋतु, चपल
पुष्प-लोचन नवल,
भाव के वर्ण-दल,
सिक्त-हिम-जल-धार।

बहे रस-स्रोत खर
वेध तनु विविध शर,
पार कर गये रे
जग का अपर पार।

खिला सकल जीवन, कल मन

खिला सकल जीवन, कल मन,
पलकों का अपलक-उन्मन।

आयी स्वर्ण-रेख सुन्दर
नयनों में नूतन कर भर;
लहरीले नीले सर पर
कमलों का भुज-भुज कम्पन।

तनिमा ने हर लिया तिमिर,
अङ्गों में लहरी फिर-फिर,
तनु में तनु आरति-सी स्थिर,
प्राणों की पावनता बन।

नयनों में हँस-हँस जाती
कौन, न मर्म समझ पाती,
मौन कौन उर में गाती—
आओ हे प्राणों के धन!

लखती नहीं किसी का पथ
जीवन में वह अप्रतिहत,
नव काया का माया-रथ
रोका, लख सुन्दर कानन।

फूटो फिर

फूटो फिर, फिर से तुम,
रुद्ध-कण्ठ साम-गान!
दर हो दुरित, जो जग
जागा तृष्णार्त ज्ञान!

करुण, कवल में दुष्कर
भरे प्राण रे पुष्कर,
सरस-ज्ञान अनवरोध
करता नर-रुधिर-पान!

देश, देश के प्रति, तन,
हरता धन, जन, जीवन;
व्याध, बेध शर से, दे
रहा रे अशेष ज्ञान!

जागो, हे त्याग तरुण!
प्राची के, उगो, अरुण!
दृग-दृग से मिलो, खिलो
पुष्प-पुष्प वन्य प्राण!

तुम्हारे सुन्दरि, कर सुन्दर

तुम्हारे सुन्दरि, कर सुन्दर
मिलाये हुए वर अमर-मर।

अनावृत सुकृत-स्नेह के प्राण,
अमृत ही अमृत, ज्ञान ही ज्ञान,
मृत्यु को अपने ही कर म्लान
कर दिया तुमने प्रिया सुधर।

छिन्न कर जुड़े हुए सब पाश
प्रणय का खोल दिया आकाश,
मृत्यु में पैठ भङ्ग-भ्रू-लास-
रङ्ग दिखलाती हो सस्वर।

बैठ देखी वह छवि सब दिन

बैठ देखी वह छवि सब दिन,
अमलिन वन की मालिनी मलिन।

सुमन चुने जाने के ज्यों भय,
भीरु थरथराते तरु-किसलय;
विकसित हो करने को मधु-क्षय
मूँदे नयन नलिन।

सदा बाढ़ में बही मन्द सरि—
खोले कूल न कोई जल-हरि;
महाराज ने भी लख लघु अरि
रक्खे पग गिन-गिन।

खो न जाय वह चपल बाल-गति
डरती हुई चली यौवन-प्रति
उर-निकुञ्ज की पुञ्ज-पुञ्ज रति
कोमल मसृण-मसृण।

भारति, जय, विजयकरे!

भारति, जय, विजयकरे!
कनक - शस्य - कमलधरे!

लंका पदतल शतदल
गर्जितोर्मि सागर-जल,
धोता शुचि चरण युगल
स्तव कर बहु-अर्थ-भरे।

तरु-तृण-वन-लता वसन,
अञ्चल में खचित सुमन,
गंगा ज्योतिर्जल-कण
धवल-धार हार गले।

मुकुट शुभ्र हिम-तुषार,
प्राण प्रणव ओंकार,
ध्वनित दिशाएँ उदार,
शतरव - शतरव - मुखरे!

रे अपलक मन!

रे अपलक मन!
पर-कृति में धन आपूरण!
दर्पण बन तू मसृण-सुचिक्कण,
रूप-हीन सब रूप-बिम्ब-धन;
जल ज्यों निर्मल, तट-छाया-घन;
किरणों का दर्शन।

सोच न कर, सब मिला, मिल रहा,
भर निज घर, सब खिला, खिल रहा,
तेरे ही दृग रूप-तिल रहा,
खोज न कर मर्षण।

दृष्टि अरूप, रूप लोचन-युग,
बाँध, बाँध कवि, बाँध पलक-भुज,
शून्य सार कर, कर तज भूरुज,
घन का वन-वर्षण।

टूटें सकल बन्ध

टूटें सकल बन्ध
कलि के, दिशा-ज्ञान-गत हो बहे गन्ध।

रुद्ध जो धार रे
शिखर-निर्झर झरे,
मधुर कलरव भरे
शून्य शत-शत रन्ध्र।
रश्मि ऋजु खींच दे
चित्र शत रङ्ग के,
वर्ण-जीवन फले,
जागे तिमिर अन्ध।

भावना रँग दी तुमने

भावना रँग दी तुमने, प्राण,
छन्द-बन्दों में निज आह्वान।

दिशाओं के सहस्र-दश दल
खुल गये नये-नये कोमल,
मध्य तुम बैठी चिर-अचपल
बह रहा प्रतिपल सौरभ-ज्ञान।

ओस आँसुओं-धुली नव गात,
स्पष्ट नयनों में नूतन प्रात,
भर रहा वात चपल तव बात,
कर रहा पलक-पात कर-दान।

बैठ जीवन-उपवन में मन्द-
मन्द सिखलाती नव-नव छन्द,
चतुर्दिक प्रभा, प्रभा, आनन्द
हर रहा जड़-निशि-कृश अज्ञान।

तपा जब यौवन का दिनकर

तपा जब यौवन का दिनकर,
बाँह प्रिय की सुछाँह सुखकर।

दूर, अति दूर गगन-विस्तार,
निकट, अति निकट हृदय में द्वार;
समायी उर-सर, मधुर विहार
कर बनी चिन्तामणि भास्वर।

लाज-तन में नत-मन, अधिकार
सकल अपना ही, कल संसार;
पहन प्रिय के प्राणों की हार
बनी पलकों की स्वप्न सुघर।

पी प्रचुर रचनामृत शुचि सोम्र,
सुरति की मूर्ति, प्राण मख होम;
लख लिया निज केशों में व्योम—
तीसरा नयन प्रकाश अमर।

डूबा रवि अस्ताचल

डूबा रवि अस्ताचल,
सन्ध्या के दृग छल-छल।

स्तब्ध अन्धकार सघन
मन्द गन्ध-भार पवन;
ध्यान लग्न नैश गगन
मूँदे पल नीलोत्पल।

भीतर उर में निहार,
तारक-शत लोक - हार
छवि में डूबा अपार
अखिल कारुणिक मङ्गल।

यही नील-ज्योति-वसन
पहन नीलनयनहसन,
आओ छवि, मृत्यु-दशन
करो दंश जीवन-फल।

सकल गुणों की खान, प्राण तुम

सकल गुणों की खान, प्राण तुम।
सुख की सृति, दुख की आकुल कृति,
जग तम की धृति, ज्ञान, ध्यान तुम।

वङ्क भौंह, शङ्कित दृग, नत मुख,
मिला रही निज उर अग-जग-दुख;
पी ली ज्वाल, बदल नीली, रुख
विभा, प्रभा की खान, आन तुम।

सोयी घेर गगन का मन, फन,
कुण्डली-नगन-लीन विश्व-जन।
देखी मणि, जागे, परिवर्तन,
गया मोह-अज्ञान, यान तुम।

कमलासन पर बैठ, प्रभा-तन,
वीणा-कर करती स्वर-साधन,
अंगुलि-घात गुँजा मृदु गुञ्जन
भर देती शत गान, तान तुम।

विश्व की ही वाणी प्राचीन

विश्व की ही वाणी प्राचीन
आज रानी बन गयी नवीन।

वही पतझर की किंशुक-डाल
पहन लहराती अंशुक-जाल,
चहकते खगकुल सकल सकाल,
विचरते पद-तल हिंसक दीन।

गये जग वन-जीवन के छन्द
लिखे पुष्पाक्षर सकल अमन्द;
प्रकृति बैठी पालने, अतन्द्र
जगत के पलकों पर आसीन।

ओस की मुक्ताओं की माँग,
रश्मियों-रँगी, रेणु-अनुराग;
खुला जीवन में प्रणय-सुहाग,
कलाप्रिय-अकल-ध्यान में लीन।

शत-शत वर्षों का मग

शत-शत वर्षों का मग
हुआ पार देश का, न
हुए प्राण सार्थक जग।

बढ़ा भेद सुख-छेदन—
तम रे जागर-भेदन;
आये वे निर्वेदन
दिशि-दिशि से निशि के ठग।

उठा आज कोलाहल,
गया लुट सकल सम्बल,
शक्तिहीन तन निश्चल,
रहित रक्त से रग-रग।

मिला ज्ञान से जो धन,
नहीं हुआ निश्चेतन,
बाँधो उससे जीवन,
साधो पग-पग यह डग।

विश्व-नभ-पलकों का आलोक

विश्व-नभ-पलकों का आलोक
अतुल यह आ हर लेता शोक।

न कोई रे स्वर्णालङ्कार,
प्रभा-तन केवल, केवल सार,
ज्योति के कोमल केश अपार,
खड़ी वह सकल देश-दृग रोक।

देखती जहाँ वहाँ सुख, ज्ञान,
देखते हैं जन विज्ञ अजान,
वही जग के प्राणों की प्राण,
मौन में झरते शत-शत श्लोक।

एक रँग में शत रङ्ग, विहार,
तरङ्गों की गङ्गा, अविकार,
उमड़ती जग में बारम्बार,
मिलाती निशि के तम के कोक।

बन्दूँ पद सुन्दर तव

बन्दूँ पद सुन्दर तव;
छन्द नवल स्वर-गौरव।

जननि, जनक-जननि-जननि;
जन्म भूमि-भाषे!
जागो, नव अम्बर-भर,
ज्योतिस्तर-वासे!
उठे स्वरोर्मियों-मुखर
दिक्‌कुमारिका - पिक - रव!

दृग-दृग को रंचित कर
अंजन भर दो भर।—
बिधें प्राण पंचबाण
के भी, परिचय-शर।
दृग-दृग की बँधी सुछवि
बाँधे सचराचर भव!

विश्व के वारिधि-जीवन में

विश्व के वारिधि-जीवन में,
उषा बन गयी रे गगन में।

उसी का नील-शयन यौवन
लखा जग ने नव-स्वप्नाकुल,
कलित रवि के मुख का जीवन
बह चला खग-कुल-कण्ठ मृदुल,
करों के सुख-आलिङ्गन में
विश्व ने देखा प्रतिकण में।

गया सुख, अब वियोग की छाँह
रो रही शून्य भर सुघर-बाँह;
दृगों से उठ अनन्त की ओर
ताप की शिशिर खोजती छोर;
पवन के पतझड़-निस्वन में
सुना उत्तर उसने वन में।

छन्द की बाढ़

छन्द की बाढ़, वृष्टि अनुराग,
भर गये रे भावों के झाग।

तान, सरिता वह स्रस्त, अरोर,
बह रही ज्ञानोदधि की ओर,
कटी रूढ़ि के प्राण की डोर,
देखता हूँ अहरह मैं जाग।

डालियों की समीर स्वच्छन्द,
मन्द भरती अजात आनन्द,
भर रहा मधुकर गुञ्जन, स्पन्द :
पल्लवित, कुसुमित, सुरभित बाग!

नाचता पलकों पर आलोक
किसी का, हरकर उर का शोक,
देखता मैं अरोक मन रोक,
उमड़ पड़ते हैं सौ-सौ राग!

आ गया वन-जीवन-मधुमास
हुआ मन का निर्मल आकाश
रच गया नव किरणों का रास,
खेलते फूल ज्योति का फाग।

जागा दिशा-ज्ञान

जागा दिशा-ज्ञान;
उगा रवि पूर्व का गगन में, नव-यान!

खुले, जो पलक तम में हुए थे अचल,
चेतनाहत हुई दृष्टि दीखी चपल,
स्नेह से फुल्ल आयी उमड़ मुसकान।

किरण-दृक्-पात, आरक्त किसलय सकल;
शक्त द्रुम, कोमल-कलि पवन-जल-स्पर्श-चल;
भाव में शत सतत बह चले पथ प्राण।

हारे हुए सकल दैन्य दलमल चले,—
जीते हुए लगे जीते हुए गले,
बन्द वह विश्व में गूँजा विजय-गान।

खुल गया रे

खुल गया रे अब अपनापन,
रँग गया जो वह कौन सुमन?

सोचता उन नयनों का प्यार,
अचानक भरा सकल भण्डार
आज और ही और ही संसार,
और ही सुकृत मंजु पावन!

सहस्रों के सुख, दुख अनुराग
पिरोये हुए एक ही ताग,
कौन यह मधुर मौन मख, याग,
खुला जो, रहा एक जीवन?

उसी से रे सज गया सुभार
स्नेह का उर, उर के सुर-तार,
खुले जिसके कर-कनक-प्रसार
स्वरों के द्वार विश्व-पावन!

घोर शिशिर

घोर शिशिर, डूबा जग अस्थिर,
तिमिर-तिमिर हो गये दिशा-पल
प्रति तरङ्ग पर सिहर अङ्ग भर
व्याकुल तरुणी तरुणी चंचल।

तरु गत-किसलय—जीवित-मिस लय,
विसमय विषमय सलिल अनिल चल,
निराधार भव भार, न कलरव,
लग तुषार-दव क्षार हुआ स्थल।

सौध-शिखर पर प्रात मनोहर
कनक-गात तुम अरुण चरण धर
सरणि-सरणि पर उतर रही भर
छन्द-भ्रमर-गुंजित नीलोत्पल।

चली स्नान-हित शोभावलयित,
गीत-सदृश चित प्रिय छवि-निर्मित,
क्षालित शत-तरंग-तनु-पालित
अवगाहित निकली द्युति निर्मल।

कहाँ परित्राण?

कहाँ परित्राण?
बुला रहे, बन्धु, तुम्हें प्राण।

बीते अविरत शत-शत
अब्द, शब्द अप्रतिहत
उठता—ये जो पदनत,
नहीं इन्हें स्थान?

शक्ति-वाह उच्छृङ्खल
भूयोभूय: मङ्गल
उद्धत पदतल दलमल
बना विमल ज्ञान!—

वहाँ रहे नतमस्तक
स्तव के अवनम्र स्तबक
जो, न उठेंगे, जब तक
होंगे वे म्लान!

चाहते हो किसको सुन्दर?

चाहते हो किसको सुन्दर?
तुम्हारी अपनी, कौन अपर?

प्रात जब ऊषा रो-रो रात
देख पड़ती रक्तोत्पल गात,
भुलाने को किसको नभजात,
वहाँ जाते कर-वीणा-कर?

शयित, उठ, वातायन-मन-लीन
सोचती कोई प्रिया नवीन
तुम्हें जब, मधुर चिन्त्य मन छीन
कहाँ जाते समीर-सत्वर?

प्रिया विमना, षटपट चुपचाप
चले, सह सके न उर का ताप,
निमीलित नयन चूम, निज छाप
लगा दी कमल-नाल-छवि पर!

सदा ही है सुखानुसन्धान,
सदा ही गीति, गन्ध, रस, गान,
विधानों में अबन्ध, अविधान,
विचरते हो सुर, मायाकर!

चहकते नयनों में जो प्राण

चहकते नयनों में जो प्राण,
कौन, किस दुख-जीवन के गान?

द्रुत, झलमल-झलमल लहरों पर,
वीणा के तारों के-से स्वर,
क्या मन के चलदल पत्रों पर
अविनश्वर आदान?

जग-जीवन की कौन प्यास यह,
शरत्, शिशिर, ऋतु में विकास यह,
रे चिरकालिक हास, ह्रास यह,
विस्मय-सञ्चय-ज्ञान?

सिक्त बीज, भर उगा विटप नव,
लिपटी यौवन-लता, पराभव
मान, उभय सुख जीवन-कलरव
मिले ज्योति औ' ज्ञान!

वर्ण-चमत्कार

वर्ण-चमत्कार;
एक-एक शब्द बँधा ध्वनिमय साकार।

पद-पद चल बही भाव-धारा,
निर्मल कल-कल में बँध गया विश्व सारा,
खुली मुक्ति बन्धन से बँधी फिर अपार—
वर्ण-चमत्कार!

शत-शत रँग खिला, मिला प्राण,
गूँजे गगनाङ्गण में वे अगण्य गान
दिखी रूप की छवि झंकृत-कर-स्वर-तार
वर्ण-चमत्कार!

मैं रहूँगा न

मैं रहूँगा न गृह के भीतर
जीवन में रे मृत्यु के विवर।

यह गुहा, गर्त्त प्राचीन, रुद्ध
नव दिक्-प्रसार, वह किरण शुद्ध
है कहाँ यहाँ मधु-गन्ध-लुब्ध
वह वायु विमल आलिङ्गनकर?

करता रह-रह वह विकल प्राण
उठता जग जो बहुजन्म गान
जीवन का, खो-खो दिशा-ज्ञान
जाने बह जाता कहाँ मुखर!

दूर-दूर रे चेतन-सागर
टलमल शत-रश्मि तरंग-सुघर
पृथ्वी का लहराता सुन्दर
दुकूल सस्वर आकर्षण भर!

बुझे तृष्णाशा-विषानल झरे

बुझे तृष्णाशा-विषानल झरे भाषा अमृत-निर्झर,
उमड़ प्राणों से गहनतर छा गगन लें अवनि के स्वर।

ओस के धोये अनामिल पुष्प ज्यों खिल किरण-चूमे,
गन्ध-मुख मकरन्द-उर सानन्द पुर-पुर लोग घूमे,
मिटे कर्षण से धरा के पतन जो होता भयङ्कर,
उमड़ प्राणों से निरन्तर छा गगन लें अवनि के स्वर।

बढ़े वह परिचय बिंधा जो क्षुद्र भावों से हमारा,
क्षिति-सलिल से उठ अनिल बन देख लें हम गगन-कारा,
दूर हो तम-भेद यह जो वेद बनकर वर्ण-सङ्कर,
पार प्राणों के करें उठ गगन को भी अवनि के स्वर।

वह कितना सुख

वह कितना सुख जब मैं-केवल
जीवन-जीवन से बँधा सुफल!

यदि बनूँ किसी चित्र का साज
उसकी रक्षा के लिए, आज
अक्षर, क्षर होता हुआ, ब्याज,
मैं न बन सकूँगा यज्ञ-शकल—
जीवन-जीवन से मिला सुफल!

देखेगा मुझे न कोई फिर,
रे, वे छवि के दर्शक अस्थिर;
मैं साज रहूँगा, अन्त स्थविर,
भर जाऊँगा फिर फिर निःसम्बल—
जीवन-जीवन से भिन्न, विफल!

मैं प्रवहमान यदि बनूँ सलिल,
प्राण-प्राण के रँग मिलें अमिल
छवि-छवि अंकित हो खुलें, अखिल
जीवन का रस मैं बनूँ विमल—
जीवन-जीवन में मिला सुफल!

हुआ प्रात, प्रियतम

हुआ प्रात, प्रियतम, तुम जावगे चले?
कैसी थी रात, बन्धु, थे गले-गले!

फूटा आलोक
परिचय-परिचय पर जग गया भेद, शोक!
छलते सब चले एक अन्य के छले!—
जावगे चले?

बाँधो यह ज्ञान,
पार करो, बन्धु, विश्व का यह व्यवधान
तिमिर में मुँदे जग, आओ भले-भले!

दे, मैं करूँ वरण

दे, मैं करूँ वरण
जननि, दुखहरण पद-राग-रञ्जित मरण।

भीरुता के बँधे पाश सब छिन्न हों,
मार्ग के रोध विश्वास से भिन्न हों,
आज्ञा, जननि, दिवस-निशि करूँ अनुसरण।

लांछना इन्धन, हृदय-तल जले अनल,
भक्ति-नत-नयन मैं चलूँ अविरत सबल
पार कर जीवन-प्रलोभन समुपकरण।

प्राण-संघात के सिन्धु के तीर मैं
गिनता रहूँगा न कितने तरङ्ग हैं,
धीर मैं ज्यों समीरण करूँगा तरण।

अस्ताचल रवि

अस्ताचल रवि, जल छलछल-छवि,
स्तब्ध विश्वकवि, जीवन उन्मन;
मन्द पवन बहती सुधि रह-रह
परिमल की कह कथा पुरातन।

दूर नदी पर नौका सुन्दर
दीखी मृदुतर बहती ज्यों स्वर,
वहाँ स्नेह की प्रतनु देह की
बिना गेह की बैठी नूतन।

ऊपर शोभित मेघ छत्र सित,
नीचे अमित नील जल दोलित;
ध्यान-नयन-मन चिन्त्य प्राण-धन;
किया शेष रवि ने कर अर्पण।

नयनों का नयनों से बन्धन

नयनों का नयनों से बन्धन,
काँपे थर-थर थर-थर युग तन।

समझे-से हिले विटप हँसकर,
चढ़े मंजु खिले सुमन खसकर,
गयी विवश वायु बाँध वश कर,
निर्भर लहराया सर-जीवन।

ज्ञात रश्मि गात चूम रे गयी,
बँधी हुई खुली भावना नयी,
गयी दूर दृष्टि जो सुखाशयी,
छिपे वे रहस्य दिखे नूतन।

समझे युग रागानुग मुक्ति रे—
ज्ञान परम, मिले चरम युक्ति से;
सुन्दरता के, अनुपम उक्ति के
बँधे हुए श्लोक पूर्ण कर चरण।

प्रात तव द्वार पर

प्रात तव द्वार पर,
आया, जननि, नैश अन्ध पथ पार कर।

लगे जो उपल पद, हुए उत्पल ज्ञात,
कण्टक चुभे जागरण बने अवदात,
स्मृति में रहा पार करता हुआ रात,
अवसन्न भी हूँ प्रसन्न मैं प्राप्तवर—
प्राप्त तव द्वार पर।

समझ क्या वे सकेंगे भीरु मलिन-मन,
निशाचर तेजहत रहे जो वन्य जन,
धन्य जीवन कहाँ,—मातः, प्रभात-धन,
प्राप्ति को बढ़ें जो गहें तव पद अमर—
प्रात तब द्वार पर।

रही आज मन में

रही आज मन में,
वह शोभा जो देखी थी वन में,

उमड़े ऊपर नव घन, धूम-धूम अम्बर,
नीचे लहराता वन, हरित श्याम सागर;
उड़ा वसन बहती रे पवन तेज क्षण में।

नदी तीर, श्रावण, तट नीर छाप बहता,
नील डोर का हिंडोर चढ़ी-पैंग रहता,
गीत-मुखर तुम नव-स्वर विद्युत ज्यों घन में।

साथ-साथ नृत्यपरा कलि-कलि की अप्सरा,
ताल लताएँ देतीं करतल-पल्लवधरा,
भक्त मोर चरणों के नीचे, नत तन में।

देकर अन्तिम कर

देकर अन्तिम कर
रवि गये अपर पार,
श्रमित-चरण आये
गृहिजन निज-निज द्वार।

अम्बर-पथ से मन्थर
सन्ध्या श्यामा,
उतर रही पृथ्वी पर
कोमल-पद-भार।

मन्द-मन्द बही पवन,
खुल गयी जुही,—
अञ्जलि-कल विनत-नवल
पदतल - उपहार।
सुवासना उठी प्रिया
आनत - नयना,
भवन - दीप जला, रही
आरती उतार।

लाज लगे तो

लाज लगे तो।
जाओ, तुम जाओ!

फेर लो नयन,
चलो मंजु-गुंजर, धर
नूपुर-शिञ्जित-चरण,
करूँ वरण, प्राणों में आ
छवि पाओ—
लाज लगे तो।

मेरा जीवन
छाया, छाया-प्रशमन
मेरा जीवन, मरण;
आवरण सदा, न लोक-
नयन, सुहाओ—
लाज लगे तो।

कैसी बजी बीन?

कैसी बजी बीन?
सजी मैं दिन-दीन?

हृदय में कौन जो छेड़ता बाँसुरी;
हुई ज्योत्स्नामयी अखिल मायापुरी;
लीन स्वर-सलिल में मैं बन रही मीन।

स्पष्ट ध्वनि—आ, धनि सजी यामिनी भली,
मन्द-पद आ बन्द, कुंज उर की गली;
मंजु, मधु-गुंजरित कलि-दल-समासीन!

'देख, आरक्त पाटल-पटल खुल गये,
माधवी के नये खुले गुच्छे नये,
मलिन-मन, दिवस-निशि, तू क्यों
रही क्षीण?'

गर्जित-जीवन झरना

गर्जित-जीवन झरना :
उद्देश पार पथ करना।

ऊँचा रे, नीचे आता
जीवन भर-भर दे जाता;
गाता, वह केवल गाता—
"बन्धु, तारना, तरना।"

वङ्किम-से-वङ्किम पथ पर
बढ़ता उद्दाम प्रखरतर;
बाधाएँ अपसारित कर,
कहता—'वर यों वरना।'

'सूखते हुए, निर्जीवन
होने से पहले तक, मन,
बढ़ना, मरकर बनना घन,
धारा नूतन भरना।'

खुलती मेरी शेफाली

खुलती मेरी शेफाली;
हँसती री, डाली डाली!

किसकी यह शोभा छीनी
जो वृन्तों पर रंगीनी?
हलके दल; भीनी-भीनी
आयी सुगन्ध मतवाली!

मूँदीं जब जग ने आँखें
खोलीं री इसने पाँखें;
उड़ने को नभ को ताकें
उपवन की परियाँ, आली!

सरलार्थ

[1]

वीणावादिनि—हे वीणा बजाने वाली,

वर दे—वर देनेवाली,

स्वतन्त्र-रव—स्वाधीन स्वर से भरा हुआ,

अमृत-मन्त्र—जिस मन्त्र के प्रभाव से मनुष्य मृत्यु से बच जाता है, वह,

अन्ध-उर—जिसकी हृदय की आँखें फूटी हैं, वह—उसके,

बन्धन-स्तर—बन्धनों के क्रम जो तहों से—वर्ण, जाति, सम्प्रदाय आदि के द्वारा मनुष्य को बाँधे हुए हैं,

ज्योतिर्मय—चमकीले, ज्योतिवाले,

निर्झर—झरने,

कलुष-भेद-तम हर—पाप से भरे भेदभाववाले अन्धकार को दूर कर,

जलद-मन्द्र—मेघ की गर्जना के समान गम्भीर,

विहग-वृन्द को—पक्षियों के समूह को,

[2]

यामिनी—रात,

पङ्कज-दृग—कमल-जैसे नेत्र,

अरुण-मुख-तरुण-अनुरागी—सूर्य का-सा मुख जिसका है उसके नये प्रेमी हैं।

यहाँ पङ्कज-दृग प्रिया के हैं और अरुण-मुख प्रिय का। अर्थ यह है कि (रात जगने के कारण) अलसाये हुए (प्रिया के) कमल-नेत्र सूर्य के-से मुखवाले (प्रिय) के नये अनुरागी हो रहे हैं।

अशेष—असीम,

बादलों में घिर अपर दिनकर रहे—(उसके बाल खुले हुए पीठ, गला, बाँह और हृदय पर बिखरकर फैले हुए हैं, जिससे मुख ऐसा मालूम देता है कि) बादलों में दूसरे सूर्य घिर रहे हैं।

ज्योति की तन्वी, तड़ित-द्युति ने क्षमा माँगी—वह किरणों की कोमलाङ्गी है, बिजली ने उसके रूप की समता न पाने के कारण उससे क्षमा माँगी।

वासना की मुक्ति, मुक्ता त्याग में तागी—वह कामना की मुक्ति-स्वरूपा है, वह मोती जो त्याग के तागे में पिरोई हुई है।

[3]

नवोत्कर्ष—नवीन उन्नति,

किसलय-वसना—पल्लवों की साड़ी वाली,

नव-वय—नई उम्रवाली,

वन्दी—वन्दना गानेवाले,

लता-मुकुल-हार-गन्ध-भार भर—लता की कलियों के हार का सुगन्ध-भार (अपने में) भर कर,

बही पवन बन्द मन्द मन्दतर—बन्द हवा मन्द से मन्दतर होती हुई बही,

आवृत सरसी-उर-सरसिज उठे—सरसी के हृदय में जो कमल ढके (छिपे) हुए थे, वे उठ आये।

[4]

विरह-वृन्त—जुदाई का डंठल,

समीरण—हवा,

स्वेदकण—पसीने की बूँदें

निर्जन—एकान्त,

नभ—आकाश,

हीरक-हार—हीरों का हार, माला,

प्रणय—प्रेम,

परिणय—विवाह।

[5]

कारण-जाम—शराब का जाम—कटोरा,

हृदय-कम्प के जलद-मन्द्र स्वर—हृदय की धड़कन के, मेघ के गम्भीर स्वर (जैसे हो तुम),

तृष्णा—प्यास,

तृप्ति-प्रेम-सर—तृप्ति के प्रेम (जल) वाले सरोवर (हो तुम)।

[6]

मौन रही हार—हारकर मौन रह गई,

प्रिय-पथ पर चलती, सब कहते श्रङ्गार—उसके सब आभरण (बजते हुए) कह रहे हैं कि यह अपने प्रियतम के पास जा रही है।

उसके कङ्कण, किङ्किणी, नूपुर आदि भूषण बजते हैं, तो हृदय में लज्जा होती है, वह लौट पड़ती है; तब उसके पायल जैसे और मुखर होकर शब्द करने लगते हैं, जिससे उसके लौटने की बात उसके प्रिय को मालूम हो जाय।

पहले जिस तरह उसके आभरण बज रहे थे, उसी तरह उसके खड़ी होने पर उसके सजे हुए हृदय के तार झंकृत हुए—अगर उन्होंने आवाज (अलङ्कारों की) सुन ली हो, तो मैं अब कहाँ जाऊँ?—उन पदों को छोड़कर अन्यत्र कहाँ मैं शरण पाऊँगी?

[7]

अमरण—न मरनेवाला, अमर,

वरण-गान—स्वागत-गीत,

तनु-वल्कल—देह में लपेटी पेड़ की छाल,

पृथु—पीन, मांसल,

सुर-पल्लव-दल—सुन्दर वृक्ष के पत्ते,

मधुप-निकर—भौंरों का समूह,

गीति-मुखर पिक-प्रिय-स्वर—कोयलों की मधुर कूक ही उस वन्य छवि का खुलकर गाना,

समर-शरहर—कामदेव के बाणों का। दूर करनेवाले—परास्त करनेवाले,

मधु-पूरित—मधु से भरा हुआ।

[8]

शिशिर-समीर—जाड़े की हवा,

भीरु—डरी हुई,

मृणाल-वृन्त पर—(कमल की) नाल के डंठल पर,

प्रात-अरुण को—सुबह के सूर्य को,

शिशिर-यामिनी—जाड़े की रात।

[9]

रश्मि—हे किरण,

नभ-नील-पर—नीले आसमान में रहनेवाली,

लघु-कर—हल्के हाथ से,

प्रतनु—हे कोमलाङ्गि,

शरदिन्दु-वर—(तुम्हीं) शरत् काल की सुन्दर चन्द्र (हो),

पद्म-जल-बिन्दु पर—कमल के आँसुओं पर (कमल पर जो ओस पड़ी है, उस पर कल्पना है कि सूर्य के न रहने से कमल रोया है),

स्वप्न-जागृति सुघर—उसके (कमल के) स्वप्न में सुघर जागृति बनकर; अर्थात्, स्वप्न में प्रकाश के कारण कमल को जागृति का सुख प्राप्त होगा, इसलिए तुम उसकी सुघर जागृति बनकर,

दुख-निशि करो शयन—उसके दुख की रात में (उसके जलबिन्दु पर—आँसुओं पर) शयन करो।

[10]

खर-तेज,

सहस्र-दल—हजार-दलवाला कमल,

किरणोज्ज्वल—किरणों से चमकते हुए,

चल-अचपल—चञ्चल और अचञ्चल,

शत-वर्ष-पुरातन—सौ साल का पुराना,

जन-भय-भावन—लोगों में भय पैदा करनेवाला।

[11]

शिथिल—ढीले,

अचपल-भ्रू-विलास में—न काँपती हुई भौंहों की सुखाशयता में,

लास-रङ्ग-रस—नृत्य-रस-रङ्ग,

जीर्ण—प्राचीन,

नव-रूप-विभा के—नये रूप के प्रकाश के,

चिर-स्वरूप—नित्य स्वरूप।

[12]

तम—अँधेरा,

जल-जग—स्थावर-जङ्गम : (जल का और जड़ का एक ही मूल है),

अखिल-पल के स्रोत—पूर्व काल-स्वरूप के पल के प्रवाह,

अखिल-पल के स्रोत जल-जग—यह स्थावर-जङ्गम अखिल के पल के प्रवाह हैं;

गगन घन-घन-धार—आकाश ही घनीभूत होकर मेघ की धारा बनता है।

पहले जैसा कहा गया है—कौन तम के पार है—अर्थात् तम, अन्धकार या अज्ञान के पार कौन है—अर्थात् कोई नहीं इसी के प्रमाण बाद को दिये गये हैं विरोधी सत्य के प्रदर्शन से। इसी के लिए कहा है कि पूर्ण काल जो सबको व्याप्त किये हुए है—अविच्छेद्य है, उसी के पलके स्रोत ये जड़-जङ्गम हैं—अलग-अलग—खण्ड-खण्ड और जो आकाश सूक्ष्मतम है, वही स्थूल होकर मेघ की धारा बनता है। (आकाश ही स्थूलतर होता हुआ अन्य चार तत्त्वों में परिणत होता है। इस प्रकार परिवर्तनशील होने के कारण तम के पार वस्तुत: जल कुछ भी नहीं—यह प्रतिपाद्य है।)

गन्ध-व्याकुल-कूल-उर-सर—हृदय के सरोवर के किनारे सुगन्ध से व्याकुल हो रहे हैं (यह सुगन्ध सरोवर के कमलों की है)।

लहर-कच कर कमल-मुख-पर—सरोवर की लहरें बाल हैं और कमल मुख जिन पर किरणें पड़ रही हैं।

हर्ष-अलि हर स्पर्श-शर—आनन्द-रूपी भौंरा स्पर्श का चुभा तीर हर रहा है (तीर के निकालने से भी एक प्रकार का स्पर्श होता है जो और सुखद है; यह तीर रूप का चुभा तीर है)।

सर—चलता फिरता—उड़ता घूमता है (वह भौंरा)।

गूँज बारम्बार—और बार-बार गूँजता है। (इस बन्द में पाँचों तत्त्वों का उल्लेख है और यह ध्वनि है कि ये पाँचों तत्त्व जो माया के अन्तर्गत हैं, इनमें बाँधा हुआ मनुष्य तम के पार कैसे होगा।)

(1) गन्ध क्षिति का गुण होकर पृथ्वी है। (2) लहर जल, (3) कमल-मुख—रूप अत: अग्नि, (4) स्पर्श—वायु, (5) गूँज—आनन्द-ध्वनि, शब्द अत: आकाश। यहाँ एक ही सरोवर में पाँचों तत्त्वों का चित्र-विशेष में सन्निवेश और पञ्चतत्त्वों की आनन्दप्रियता में तम का प्रदर्शन कला है।

दूसरे बन्द में उदय, अस्त और रात्रि के चित्र लिये गये हैं और पूछा गया है कि ये हर एक अलग-अलग सुख का बोध कराते हुए, सार हैं या असार?—अर्थात् ये भी तम के पार नहीं।

उदय में तम-भेद सुनयन—उदय में अँधेरे को भेदकर आनेवाली खूबसूरत आँखें हैं या उदय में अँधेरे को भेदकर आनेवाला सूर्य—उत्तम नयन है जिसका, सोकर जगने पर मनुष्यों की आँखें अँधेरे को पारकर बाहर प्रकाश के लोक में आती हैं, यह चित्र है।

अस्तदल ढक पलक-कल तन—अस्त के दल पलकों से सुन्दर हुई देह को ढक लेते हैं।

निशा-प्रिय-उर शयन सुख-धन सार या कि असार—निशा यहाँ स्त्री-रूप से निर्वाचित है। निशा का प्रियतम के हृदय पर शयन सार है या असार?

बरसता आतप यथा जल—गरमी जैसे पानी बरसाती है; गरमी के ही कारण जल वाष्प और मेघ बनकर बरसता है।

कलुष से कृत सुहृत कोमल—पाप के कारण ही, पाप से ही निष्कलुष होता हुआ, मनुष्य कोमल होता है।

अशिव उपलाकार मङ्गल—जो पत्थर है, अशिव है, वही मङ्गल है, शिव है।

द्रवित जल नीहार—जो गला हुआ जल है, वही बर्फ है, पत्थर है।

[13]

अपल-नयन—निष्पलक नयनों वाली,
सुवास-यौवन—यौवन ही जिसकी उत्तम साड़ी है,
कोमल-तन—कोमल देह वाली,
मरुत्-पुलक—हवा के (जैसे) पुलक,
अङ्ग प्रकम्पित—देह चञ्चल है,
चपल-चित—चञ्चल चित्तवाली,
स्पर्श-चकित—छूने से चकित हुई,
कर्षित—खींची हुई,
चल-चितवन—चञ्चल चितवन वाली,
नव-अपाङ्ग-शर-हत—नये कटाक्ष के तीरों की मार खाया हुआ,
व्याकुल-उर—तड़पता हुआ,
वारि-धार स्फुर—जल धारा गिराता है—बरसाता है।
विश्वसृज—संसार का सृजन करनेवाली,
शैवलिनी—नदी,
उदधि—समुद्र,
क्षितिज—आकाश,
रूप-स्पर्श-रस-गन्ध-शब्द—पाँचों तत्त्वों के ये उल्लिखित पाँच गुण हैं।

[14]

इस गीत में डाल पर पार्वती का रूपक बाँधा गया है। डाल पतझड़ की है जिसके आगे बसन्त है।

रूखी—बिना पत्तों की शुष्क, अत: नाराज।

हीर-कसी समीर-माला जप—हीरों से कसी समीर की माला जप रही है। यहाँ तुषार-बिन्दु हीरे हैं, जो समीर के तागे में जैसे पिरोये हुए हैं।

शैल-सुता—शैल पहाड़ की लड़की, पार्वती के रूप में डाल,

अपर्ण-अशना—पत्तों से मिला भोजन भी छोड़ देनेवाली—बिना पत्तों की—अपर्ण डाल; तथा पार्वती का भी नाम अपर्णा है।

पल्लव-वसना—पल्लवों की साड़ी वाली,

सुकृत-कूलों का सरस स्नेह—पुण्यों के किनारों का सरस (तरल) स्नेह—प्रेम!

ऋतुपति सकल-सुकृत कूलों का सरस स्नेह भर देगा उर-सर—वसन्त (डाल के) हृदय के सर को क्या भर देगा, समस्त पुण्यों के किनारों का सरस स्नेह भर देगा।

स्मरहर को बरेगी—काम को नष्ट कर देनेवाले शिव को वह बरेगी। उसे देखने पर देखनेवालों का काम-विकार नष्ट होगा वे सच्चा आनन्द पावेंगे।

मधु-व्रत में—वसन्त के व्रत में यौवन के व्रत में,

स्वाद-तोष-दल—स्वाद और तोष के दल वाला : (दल—फल के कोष को कहते हैं)

गरलामृत—विष को अमृत करनेवाले,

गरलामृत शिव आशुतोष-बल विश्व सकल नेगी—विष को अमृत करनेवाले शीघ्र प्रसन्न होनेवाले शिव के बल का समस्त संसार नेग चाहता है—प्रार्थी है।

[15]

जीवन-धनिके—प्रति जीवन में जो लक्ष्मी धनिका रूप से वर्तमान हैं, उनके लिए यह सम्बोधन है।

विश्व-पण्य-प्रिय—संसार भर के द्रव्यों को प्यार करनेवाली,

दिन-मणि के—दिनमणि सूर्य को मणि के रूप में (मस्तक पर) लगानेवाली अयि,

ज्ञान-विपणि-खनि के—ज्ञान के बाजार और खान के,

अयुत-वर्ण—हजारों रङ्गों के, अनेकानेक भावों के,

लव-निमेष-कणिके—लव, निमेष और कणमात्र में रहनेवाली अयि!

[16]

मनोगमन में—मन के आकाश में,

निशा-शयन में—रात्रि को सोते समय,

कल्प-वयन में—कल्पना की उधेड़बुन में,

मोह-अयन में—मोह के गृह में,

किरणासव—किरणों की शराब।

[17]

रूप-इन्दु से—रूप के चाँद से,

सुधा-बिन्दु—अमृत की बूँदें,

प्रणय-श्वास के मलय-स्पर्श से हिल-हिल हँसती चपल हर्ष से—(संसार में बहती हुई) प्रेम की साँस रूपी मलयपवन के स्पर्श से (कलि रूपिणी) चञ्चल आँखें हिल-हिलकर आनन्द से हँसती हैं।

ज्योति-तप्त-मुख—ज्योति से उद्दीप्त मुखवाली,

तरूण वर्ष के कर से मिली-जुली—तरुण वर्ष (यौवन) के हाथ से मिलीं।

[18]

सुरभि सुमनावली—सुगन्धपुष्प,
मधु-ऋतु—वसन्तकाल,
अवनि—पृथ्वी,
पङ्क उर—हृदय में कीचवाले,
पङ्कज—कमल,
ऊर्ध्व-दृग—आँखें उठाये हुए,
मुक्ति-मणि—मुक्ति की मणि, सूर्य को।

[19]

तृण-थरथर—तृण की तरह थरथर काँपता हुआ,
कृश—दुबले, कमज़ोर,
दुष्कर—मुश्किल से होनेवाले,
श्लथ—ढीली,
पिच्छल—पिछलहर, पैर फिसलनेवाला,
मुख-कलकल—मुख से कल ध्वनि करनेवाली,
चपला-चल—बिजली जैसी चञ्चल!

[20]

श्रम-सञ्चित—मिहनत से इकट्ठे किये,
अश्रुजल-धौत—आँसुओं से धुली,
जन्म-श्रम-सञ्चित—जिन्दगी भर की मेहनत से इकट्ठे किये।
क्लेदयुक्त—कीच से भरा, पाप से मिला।

[21]

मैं लिखती या बहती स्रोत पर तुम्हारे ही रहती—मैं लिखती हूँ या बहती हुई तुम्हारी ही धारा पर रहती हूँ।

इसी तरह उर पर रख, मधुर, कहो, तुम कहो—इसी प्रकार अपने हृदय पर मुझे रखकर, प्रिय, तुम कहते रहो।

[22]

देह सप्तक—शरीर सातों स्वरों की समष्टि,
गन्ध-शत—सौ-सौ सुगन्धवाला,
अरविन्दनन्दन—कमलों को आनन्द देने वाला,
विश्व-वन्दन-सार—संसार की वन्दना का सार,
अखिल-उर-रञ्जन—सबके हृदय को प्रसन्न करनेवाला,
निरञ्जन—बिना किसी रंग का,
सुसिञ्चित—अच्छी तरह सींचा,
तत्त्व-नभ-तम में—तत्त्वरूपी आकाश के अँधेरे में,
सकल-भ्रम-शेष—सब भ्रम दूर कर देनेवाला,
श्रम-निस्तार—मेहनत से बचानेवाला,
अलक-मण्डल में—बालों के वृत्त में।

[23]

पवनाञ्चल में—हवा के आँचल में,
सुरभि-भार—सुगन्ध का भार।

[24]

परिमल की—सुगन्ध की,
अखिल पुरातन-प्रियता—पुरानेपन का सारा प्यार।

[25]

ऊर्मि-घूर्णित—लहरों से घूमती हुई,
प्रश्न चित्रों का फैला कूट—तसवीरों का टेढ़ा सवाल (सा) फैला हुआ है।
जल-यान—नाव,
दैत्य-जड़-दंष्ट्राओं के बीच—दैत्यरूपी जड़ दाँतों के बीच,
पाषाण—पत्थर,
कार्मुक—धनुष,
कृष्णा—द्रौपदी,
स्पर्श-मणि—वह मणि जिसके स्पर्श से हृदय में चेतन प्रकाश फैल जाता है,

[26]

श्रम-सिञ्चित—मेहनत से सींची हुई,
पलक-हीन—अपलक, अनिमेष।

[27]

पल्लवित—पत्तों में आई हुई,
तन्वी—कोमल,
तड़ित—बिजली,
अश्लेष—बिना व्यंग्य की,
आजानु-विलम्बित-केश—जाँघों तक आये हुए बालोंवाली,
अशेष-निर्देश—सीमाहीन की ओर इंगित करती हुई-सी,
श्री—खूबसूरती,
नगे—पर्वत,
पिक-प्रिय उर में—कोयल रूपी प्रिय के हृदय में,
आह्वान—पुकार।

[28]

नव-राग-जगी—नये अनुराग की जगी हुई,
चुम्बन-चकित—चूमने से चौंककर,
साँस-बल उर-सरिता उमगी—साँस के बल से हृदय की नदी (प्रेम की) उमड़ी।
प्रेम-चयन—प्रेम को चुननेवाले,
विधु चितवन—चाँद की जैसी चितवन,
अधरासव—होंठों की शराब,
उरगो—साँपिन जैसी,
संसृति-भीति—आवागमन का भय।

[29]

शुभ्र किरण वसना—सफेद किरणों की खाड़ी पहने हुए,
सुकृत-पुञ्ज-अशना—पुष्पों का समूह जिसका भोजन है।
अनृत—झूठ,
अनय—अनीति,
अनायास—बिना मेहनत के,
कुन्द[1]-धवल-दशना—कुन्द के फूल जैसे शुभ्र दाँतोंवाली।

1. वरदंत की पंगति कुंद-कली अधराधर पल्लव खोलन की।—तुलसीदास

[30]

तन्त्री—बाजे का तार,
सकल-शुभ-फलप्रद—सब अच्छे फलों का देनेवाला,
विधान—नियम।

[31]

वन्य—जंगली,
तारकोज्ज्वल—तारा की तरह उज्ज्वल,
हीरक-हिम-हार—हीरों का जैसा ओस की बूँदों का हार,
स्नेह, दल तुम—स्नेह के दल तुमती हुई, चुनती हुई।

[32]

हृदय-शतदल—हृदय का सौ दलों वाला कमल,
मधुर में—स्नेह के पुर में।

[33]

स्नेह-तरंगों पर—प्रेम की लहरों पर,
कर्म-कुसुम—कर्मों के फूल,
निपुण—दक्ष, पटु।

[34]

जीर्ण-शीर्ष—फटा-पुराना, टूटा-फूटा,
मानस-शतदल पर—मन के कमल पर।

[35]

विकच—खुले हुए,
स्वप्न-नयनों से—स्वप्नों से सजी आँखों से,
सुदल—उत्तम दल वाले,
नि:स्पन्द—गति हीन,
हृदय-नि:स्वन—हृदय का मौन,

[36]

अवगुण्ठन—घूँघट, अवरोध, पर्दा,
सुख-लुण्ठन—सुख का लुठना,

विस्मय-कुण्ठन—आश्चर्य और हिचक,
असमय-समय न करो—यह न कहो कि अभी समय नहीं, जब समय होगा तब।
चरण-चिन्ह—पैरों के निशान,
जलद-जीवन—बादल के प्राणों की,
केंका—मयूरी की पुकार,
क्या अब निश्चल सफल सही—क्या मेरा एकटक रहना ही मेरा सफल होना है?

[37]

मुक्त-दृष्टि कलि—कली ने आँखें खोल दीं।
अभिलषित—चाह,
वृन्तहीन—बिना नाल की,
वासना-मंजु—अभिलाषा से सुघर बनी,
साधनासीन—बैठी साधना करती हुई,
मनोज्ञ—सुन्दर।

[38]

अतन्द्र—जगा हुआ,
रूप अतन्द्र, चन्द्रमुख, तिम रुचि, पलक सरल तम, मृग-दृग-तारे—उस सुन्दरी का रूप जगा हुआ—जैसे है, चाँद-सा मुख, रुचि में भ्रम, पलकों में हल्का अँधेरा (चाँदवाला) और आँख के तारे देखिए, तो हिरन की आँखें याद आती हैं। (हिरन चाँद की सवारी है।)
द्वेष-दम्भ-दुख—ईर्ष्या, अहंकार और दुःख,
संसृति की सरिता तर—संसार की नदी को पार कर,
उर-मरु-पथ की—हृदय के रेगिस्तान के रास्ते की,
तरंगिनि—नदि!

[39]

युगल कमल-घट-भर—दो कमल-जैसे घड़े भर कर।
अकम्पित—न काँपता हुआ,
अविचल-चित—न डिगते हुए चित्तवाली,
तृष्णाकुल—प्यास से पीड़ित,
हम-जग-नयनों में—अँधेरे से भरे संसार की आँखों में,

सुख-द्रुम—सुख का पेड़,
रचना-सहित—बिना बनावट के
वचन चयनों में—वाक्यों के चुनाव में,
श्रुतिधर—वेदज्ञ पण्डित।

[40]

स्तब्ध—सन्न,
पुलक-स्पन्द—आनन्द-कम्प,
कृपा-समीरण—दया की वायु।

[41]

एक-वसन—एक-वस्त्रा, एक ही साड़ी में,
मधु-ऋतु-रात—वसन्त की रात।

[42]

उल्लसित—उच्छ्वसित,
अजस्र—अमित,
चुम्बित-मधुर-ज्योति-नयनच्युत—आँखों से गिरी मधुर किरणों से चूमा हुआ,
कमल-सित-घन-वरण—मेघ के रंग वाला नील कमल,
निशि-तम-डाल-मौन—रात की अँधेरी डाल में मौन हुआ।

[43]

मृत्यु-जीवन ज्ञान-तम के करण,
कारण-पार—जीवित और मरण प्रकाश और अन्धकार के करनेवाले, फिर भी जो कारण से परे हैं।
उघर—खुलकर,
दृप्त—अहंकारी,
जग परितृप्त बारम्बार—जगकर बार-बार प्रसन्न हो,
यवनिका—पर्दा,
नाट्य सूत्राधार—(जीवन के) नाटक का सूत्र पकड़नेवाला,
निर्भार—हल्की,
अखिल-ज्योतिर्गठित छवि—सम्पूर्ण ज्योति से तैयार छवि,
कच पवन-तम-विस्तार—हवा और अन्धकार का विस्तार जिसके बाल हैं;

बहिर-अन्तर एक पर होंगे—भीतर और बाहर एक ही पर रमेंगे।

ऊर्ध्व-नभ-नग में—ऊँचे आकाश रूपी पर्वत में।

[44]

मेरा पतझड़...प्राण—पतझड़ तो मेरा है, पर (किसी के) प्रसन्न हृदय को हरकर पत्रों की मर्मर-ध्वनि के आनन्द भरनेवाले नये स्वर सुनाकर प्राणों को पूर्ण करनेवाला काम तुम्हारा है;

किसलय-दल—पल्लवों का समूह,

कला-किरण-दृग-चुम्बन—कला की किरणों से आँखों को चूमनेवाली,

ज्ञान-तन्तु—ज्ञान का तार,

जग-अजान-मन-शव-शिव-शक्ति—महान-संसार के अनजान मनरूपी शिव की महान शक्ति हो तुम।

[45]

भू-शयन—पृथ्वी का शयन,

मन्द-लहरा-पट-पवन—पवन तुम्हारा, मन्द-मन्द लहराती हुई साड़ी है।

विनश्वर—नष्ट हो जानेवाला।

[46]

अरुणिमा—ललाई,

स्तर-स्तर—तहों में—ऊँची-नीची गैलरियों में जैसे,

सुपरिसरा—खूब फैली हुई,

तरु-उर की...सुपरिसरा—पेड़ के हृदय की कोमल ललाई दूर तक फैली हुई गैलरियों में जैसे, रूपवती कलियों में पर भरकर (परियों की तरह) खुल गई।

पिक-पावन-पञ्चम—कोयल का पवित्र पञ्चम स्वर।

प्रणय-क्लम—प्रेम-दुर्बल,

वन-श्री—वन की खूबसूरती,

चारुतम—अधिक सुन्दर।

[47]

ओतप्रोत—भरा हुआ,

शशिप्रभा-दृग—चाँद में प्रकाश पानेवाली प्रकृति की आँखों में,

अश्रु ज्योत्स्ना-स्त्रोत—आँसू ज्योत्स्ना का प्रवाह बन रहे हैं।

मेघमाला...उतरते—मित्र उपवन पर उतरते समय मेघमाला की आँखें सजल हो रही हैं; इसलिए उसे अपनी पहली याद आई है, वह पृथ्वी पर वहीं थी जहाँ जलाशयता थी। इस सहज स्नेह के आकर्षण के कारण वनों में वर्षा अधिक होती है, ऐसा कहा है।

दुःख-योग—दुःख का समय,
धरा—पृथ्वी,
दिवस-वश—दिन के वश में,
हीन—दीन,
तापकरा—ताप देनेवाली,

गगन-नयनों से...भरते—आकाश (जो उसका प्रिय है) की आँखों से ओस झरझर कर (रात को) प्रिया (पृथ्वी) के अधर सिक्त करते हैं (प्रबोध, सान्त्वना देने के लिए)।

[48]

परिमल-मन—खुशबूदार मन,
नूतनतर कर भर जीवन—दूसरों को और नवीन बनाता, उनमें जीवन भरता हुआ,
सरण-द्वार—निर्गमन-द्वार निकलने का मार्ग,
जल-बन्धन-बल—जल-रूपी बन्धन की शक्ति या जड़ बन्धन की शक्ति,
श्वेतोत्पल—श्वेत कमल,
चरण-चपल—चञ्चल पदोंवाली।

[49]

जग धोका, तो रो क्या—संसार ही जब धोका है, भ्रम है तब तू क्या रोता है कि मेरा कुछ न हुआ?

सब छाया से छाया नभ नीला दिखलाया—यहाँ सब कुछ छाँह से छाया हुआ है—इसका अस्तित्व वास्तव में कुछ नहीं, जैसे आकाश, जिसका रंग कुछ नहीं, पर नीला देख पड़ता है।

[50]

मधुर-सरण—धीरे-धीरे चलनेवाली,
नूपुर-चरण-रणन जीवन—पैरों में नूपुरों का बजना जीवन है,
नील वसन शतद्रु-तन-ऊर्मिल—नील वस्त्र ऐसा है जैसा शतद्रु नदी का लहरीला तन।
किरण चुम्बि-मुख—किरणों को चूमनेवाला मुख,
अनमिल—बेजोड़,
पलक-पात—पलकों का गिरना,

उत्थित-जग-कारण—संसार के उठने का कारण है,

स्मिति—हँसी,

आशा-चल-जीवन-धारण—आशा से चञ्चल जीवन-धारण है। हँसी को देखकर मनुष्यों में तरह-तरह की आशाएँ उठती हैं जिनकी पूर्ति के लिए वे बचने की उम्मीद में बढ़े रहते हैं।

अर्थ-भ्रम-भेद-निवारण—भिन्न-भिन्न अर्थों के भ्रम और भेद को दूर करनेवाले हैं,

शाश्वत-समुद्र-जग-मज्जन—नित्य के समुद्र में संसार का डूब जाना है।

[51]

श्रुति-कटु—कर्णकटु, सुनने में तीखा,

अछिद्र—बिना छेद का।

[52]

तरी—नाव,

उत्ताल—ऊँची,

अकर्मण्य—निश्चेष्ट, आलसी,

बड़वानल-जल—बड़वानलवाला जल,

निरभ्र—बिना मेघों का,

तूर्ण—जल्दबाज, क्षिप्र,

नव-नवोर्मियों के—नई-नई लहरों के।

[53]

सार्थक—सफल,

दुःख-अवनि को—दुःख की पृथ्वी को,

गात्र—शरीर,

अहोरात्र—दिन-रात,

शेष-जीवन-मात्र—उनमें प्राणों का कुछ ही अंश बच रहा है।

कुड्मल गताघ्राण—सूँघे हुए फूल की तरह,

दष्ट—काटा हुआ,

छिद्र-शत—सैकड़ों छेदों का,

तनु-यान—देहरूपी उनका यान,

धृत-विश्व-वर-करा—सुन्दर हाथों से संसार को धारण करनेवाली,

अजया—न जीती जाने योग्य।

[54]

स्थिर-मधु-ऋतु-कानन—वन में वसन्त हमेशा रहेगा,
मन्द्र—गम्भीर।

[55]

कौन री, रँगी छबिवारी—जिसने तुझे रँगी छवि दी, वह कौन है या, ओ रंगीन छवि वाली, तू कौन है?

[56]

सरोरुह—कमल,
प्रकाश-केतन—प्रकाश का झण्डा,
तमिस्र-संक्षर—अँधेरे में मारनेवाले,
प्रभा-भयङ्कर—प्रकाश के कारण भीषण,
विनिद्र-खग-स्वर-मुखर—जगे हुए पक्षियों के स्वर से बोलता हुआ,
दिगम्बर—दिशाकाश,
निरुद्ध—बँधे हुए।

[57]

नदि-कलकल—नदी की कलकल,
दिगन्त पल की—दिगन्त के पलकों की,
घन-गहन-गहन—मेघ की तरह गहन-गहन,
बन्धु-दहन—मित्र को जलानेवाली असहन—न सही जानेवाली,
अम्बर—आकाश।

[58]

बेचारा—निरुपाय,
श्रम-पथ—मेहनत का रास्ता,
निरर्थ—अर्थहीन,
गीता—जो कुछ गाया, गीता,
खिन्नमना—हताश,
ज्योति: कारा—प्रकाश की कैद जो थी,
जङ्गम—चलता-फिरता हुआ।

[59]

घन-विटपी—घनी डाल,
नव-ज्ञान—नये ज्ञानवाली,
ज्योत्स्ना-वसन-परिधान—चाँदनी की साड़ी पहने हुए,
पुलकित-प्राण—प्रसन्न होकर,
नवल-वयसिके—नई उम्रवाली।

[60]

वह रँग-दल बदल-बदल कर—अनेक रूप परिवर्तित कर,

जग-भौंर भुला भूलों से

पहनो फूलों का हार—संसार के भौंरों को छल आदि से लुभाकर फूलों का हार पहनो। तात्पर्य यह कि भौंरे बैठेंगे तो भौंरे ही फूलों की माला बन जायँगे। प्रकृति फूलों के समष्टि-रूप में यहाँ देखी गई है, उसी का वर्णन है; पर पुष्प-रूपा प्रकृति पर भौंरे बैठाकर उसे फूलों का हार पहनाया है।

अग-जग तत्त्वों में—चल-अचल तत्त्वों में—विषयों में,

तुम कली-कली पग रखकर प्रिय चढ़ो गगन सुख-दुख हर—पुष्प-रूपी प्रकृति को कहता है कि तुम कली-कली पर पैर रखकर सुख-दु:ख, दोनों दूर कर आकाश पर जाओ।

नश्वर सीमा-संसृति में मेरी सस्वर झंकार—हद में बँधे नश्वर संसार में ऐ मेरी सस्वर झंकार।

[61]

सुमन-शत-रङ्ग—सौ-सौ रँगों की सुमन तुम।

सुवासाह्वान—खुशबू से बुलानेवाली,

विश्व-पादप-छाया में—विश्व के पेड़ की छाँह में,

प्रभा-दृगों में ज्ञान उतर आईं तुम ले उपहार—प्रकाश वाली आँखों में ज्ञान का उपहार लेकर तुम उतर आईं।

मृदु-भंग मिली उर से फिर लता-लवङ्ग—कोमल लहरीली लौंग की लता फिरती हुई तुम हृदय से मिलीं।

[62]

सुरस-सञ्चारिका—उत्तम रस सञ्चार करनेवाली,
सुखसारिका—सुख प्रसरित करनेवाली।

[63]

अतनु में सुतनु-हार—बिना देहवाले में उत्तम देहवाली हार बनी हुई,
स्वर के—गीत के,
अनिल-भार—हवा के भार से,
पुष्प-लोचन—फूल की आँखोंवाली,
वर्ण-दल—रँगों का समूह,
सिक्त-हिम-जल-धार—ओस-रूपी जल की धारा से भीगे हुए।

[64]

तनिमा—नजाकत,
अप्रतिहत—रुकावट न मानती हुई।

[65]

रुद्ध-कण्ठ—बन्द गलेवाले,
तृष्णार्त—तृष्णा, तरह-तरह की इच्छा, से विकल,
कवल—मुट्ठी,
अनवरोध—मुक्त,
दुष्कर-कवल में, रे, करुण पुष्करप्राण (भरे हुए हैं)—कठिन अधिकार में, रे, आर्त कमल-प्राण भर रहे हैं।

सरस-ज्ञान अनवरोध करता नररुधिर-पान—जो ज्ञान सरस कहलाता है, वही खुलकर मनुष्यों का खून पी रहा है।

[66]

अनावृत—न ढके हुए,
सुकृत-स्नेह—पुण्य-स्नेह।

[67]

अमलिन—मलिन न हुआ, प्रसन्न,
कूल—किनारा, कमर के निचले दोनों पार्श्वों को कूल कहते हैं।
जलहरि—पानी हरनेवाला।

[68]

विजयकरे—विजय करनेवाली,
कनक-शस्य-कमल धरे—स्वर्ण धान्य और कमल धारण करनेवाली,

पदतल-शतदल—पैरों के नीचे का कमल,

गर्जितोर्मि—गरजती तरंगों का,

शतमुख-शतरव-मुखरे—सौ-सौ मुखों से सौ-सौ ध्वनियों द्वारा गूँजती हुई अयि!

[69]

रे अपलक मन!—रे निष्पल मन!—चिन्ताशील मन!

पर कृति—श्रेष्ठ कृति,

दर्पण बन तू मसृण-सुचिक्कन—तू चमकीला चिकना आईना बन,

रूपहीन सब रूप-बिम्ब-धन—जो रूपहीन होकर सब रूपों का प्रतिबिम्ब ग्रहण करता है।

जल ज्यों निर्मल, तट-छाया-घन—जैसे पानी निर्मल होकर किनारों की (पेड़ों की) छाया को ग्रहण करता है।

किरणों का दर्शन—जैसे किरणों का दर्शन है; किरणें अरूप हैं, उनके भीतर लोग एक-दूसरे को देखते हैं—इस प्रकार किरणों की अरूपता में सर्वरूपता प्रतिफलित होती है।

तेरे ही दृग रूप-तिल रहा—तेरी ही आँखों में रूप का तिल है, जिससे देख पड़ता है; तिल बिन्दु होकर पूर्णता-अरूपता का द्योतक है।

खोज, न कर मर्षण—तू खोज, चुप न रह।

शून्य सार कर, कर तज भूरुज, घन का वन-वर्षण—शून्य को सार कर-करके संसार-दुःख को दूर कर (इस तरह) बादलों की वन में वर्षा हो (समुद्र में नहीं, शून्य वाष्प सार बने—पेड़ों में जीवन आये)।

[70]

दिशा-ज्ञान-गत—दिशा के विचार से रहित, एकदैशिकता-हीन : पक्षपात-शून्य,

वर्ण-जीवन फले—रँगों का जीवन प्रतिफलित हो।

[71]

आह्वान—पुकार,

सौरभ-ज्ञान—सुगन्ध-रूपी ज्ञान,

पलक-पात—पलकों का गिरना,

कर-दान—किरण-दान,

जड़-निशि-कृश—जड़ रात्रि से सूक्ष्म हुआ।

[72]

चिन्तामणि—कल्पना की मणि,
भास्वर—चमकदार,
लाज-तन में—लज्जा की देह में,
नत-मन—नम्र,
सोम—सोमरस,
प्राण मख होम—प्राण ही यज्ञ और होम हैं।

तीसरा नयन प्रकाश अमर—भृकुटि के बीच में, आज्ञा-चक्र के ऊपर, तीसरी आँख है, जो तान की आँख कहलाती है। उसका प्रकाश अमर प्रकाश है। यह ज्ञान की आँख का सूर्य बालों के व्योम के भीतर होकर प्रकृति-युवती को देवी के रूप से सामने लाता है।

[73]

गन्ध-भार—सुगन्ध को ढोने वाला,
तारक-शत-लोक-हार छवि में—उस छवि में तारा-रूपी शत-शत जिसके हार हैं।
मृत्यु-दशन—मृत्यु के दाँतों से।

[74]

सृति—गति,
धृति—धारणा,
अग-जग-दुख—चराचर का क्लेश,

पहले अन्तरे का भाव है—सन्ध्या-प्रकृति मानो वङ्किम-भौंहवाली है (जिससे चिन्ताशीलता द्योतित है)—संसार की ज्वाला को पीकर वह नीली रात हो गई है, दूसरे रूप में बदल गई है जो प्रभा की खान है।

दूसरे अन्तरे का अर्थ—वही (विभा के रूप से) आकाश (सर्प) के मन और फण को घेरकर सोई है; उसी की नग्न कुण्डली में संसार के मनुष्य लीन हैं; उन लोगों ने जब उसकी मणि देखी तब जागे, परिवर्तन हुआ, वह मोह-अज्ञान गया, वही इस दूर किरण की यान (सवारी) है। (इसे 'तुम' कर्ता करके कवि ने लिखा है : अर्थ 'वह' कर्ता बनाकर लिखवाया है।)

फिर सुबह का वर्णन है—'कमलासन पर बैठ प्रभातन'—आदि।

[75]

किंशुक-डाल—किंशुक पेड़ की डाल,
अंशुक-जाल—फूलों के रेशमी वस्त्र।

[76]

सुखच्छेदन—सुख को नष्ट करनेवाला,
जागर-भेदन—जागृति को दूर करनेवाला,
निर्वेदन—वेदनाहीन, दयाहीन।

[77]

विश्व-नभ-पलकों से—विश्व और आकाश रूपी पलकों से।

[78]

स्वर-गौरव—स्वर के गौरव वाले (पद—चरण और गीत के पद);

नव-अम्बर-भर-ज्योतिस्तर-वासे—नये आकाश को भरनेवाली ज्योति की तह-तह में आई साड़ी पहनने वाली अयि।

स्वरोर्मियों मुखर—स्वर का अर्थ यहाँ गीत होगा, गीत की लहरों से मुखर।

दिक्कुमारिका-पिक रव—दिशा-रूपिणी कुमारियों की कोकिल-ध्वनि;

दृग-दृग को रञ्जित कर अञ्जन भर दो भर—बिंधे प्राण पञ्जबाण के भी परिचय शर—आँख-आँख को रँगकर, प्रसन्न कर (संसार में उसको, अञ्जन, रंग भर दो, जिससे कुसुमायुध काम के प्राण परिचय के शर से, पहचान के तीर से बिंधे जायँ,

इस तरह—

दृग-दृग की बँधी सुछबि बाँधे सचराचर-भव—आँख से आँख की बँधी हुई उत्तम छवि समस्त चराचर—संसार को बाँध ले, मन्त्रमुग्ध कर ले।

[79]

नील-शयन—नील है शयन जिसका।

कलित रवि के मुख का जीवन बह चला खग-कुल-कण्ठ मृदुल—(यहाँ रवि उसी उषा-प्रकृति का मुख है) उसके सुन्दर रवि-मुख का ही जीवन मानो कोमलत्वग-कुल कण्ठ होकर बह चला।

करों के—किरणों के और हाथों के सुख-आलिंगन से उसने सबको भर लिया, यह प्रति कण में संसार ने देखा; करों के सुख आलिंगन में विश्व ने देखा प्रति कण में, 'इसमें एक 'उसे' जोड़ देने से अभिव्यक्ति स्पष्ट हो जाती है।

[80]

स्रस्त—ढीली,
अरोर—अशब्द,

अहरह—प्रतिदिन,
अजात—न पैदा हुआ।

[81]

चेतनाहत—अचेत,

कमल-कलि पवन-जल-स्पर्श-चल—कमल की कलियाँ पवन और जल के स्पर्श से चञ्चल हो रही हैं।

हारे हुए सकल दैन्य दलमल चले—जो हारे थे, वे दैन्य को दलमल कर चले।

जीते हुए लगे जीते हुए गले—जिनकी विजय हुई, वे जीते हुए (बचे रहकर) मित्रों के गले लगे।

[82]

सोचता उन नयनों का प्यार—मैं उन आँखों के स्नेह की (बात) सोच रहा हूँ।
सुभर स्नेह का उर—उत्तम भारवाला प्यार का हृदय,
कर-कनक प्रसाद—स्वर्ण-करों (हाथों—किरणों) के फैलाव से,
विश्व-पावन—संसार को पवित्र करनेवाला।

[83]

दिशा-पल—दिशा के पलक-पात,
गत-किसलय—बिना पत्तों के,
जीवित मिसलय—जीते हुए मरे से,

विसमय विषमय सलिल अनिल चल—जो कमल की घुंडियों से भरा था, वह ज़हरीला, चलती हवा की तरह है। हवा और पानी, दोनों जैसे बराबर ठंडे हैं।

लग तुषार दव क्षार हुआ स्थल—पाले की आग (दावाग्नि) से स्थल क्षार हो रहा है।

सरणि-सरणि पर—सोपान-सोपान पर।

भर छन्द-भ्रमर गुञ्जित नीलोत्पल—(आभरणों के पैर की झङ्कार से) भौंरों की गूँज से हुआ छन्द (शब्द) और नीलोत्पल भर कर।

शोभा-वलयित—शोभा से (एक ओर झुकी हुई)।

शत-तरङ्ग-तनु-पालित—सैकड़ों तरंगों (सुख की तथा जल की लहरों) से कोमल, पालित।

अवगाहित—गले तक डूबकर नहाई हुई,
निकली द्युति निर्मल—इधर यह नहाकर निकली, उधर सूर्य-प्रभा निकली।

[84]

अविरत—लगातार,
भूयोभूयः—बार-बार,
स्तव के अवनम्र स्तवक—स्तुति के झुके गुच्छे-से।

[85]

रक्तोत्पल—लाल कमल,
नभजात—आकाश में पैदा हुए,
कमल नाल छवि—कमल की नाल पर कमलिनी-रूप से जो है उस छवि पर।

[86]

चलदल-पत्रों पर—पीपल के पत्तों पर।

[87]

वर्ण-चमत्कार—यह अक्षरों का चमत्कार है,
पद-पद चल—रचना के पद-पद से चलकर,
निर्मल कलकल में—रचना की उस धारा की विमल (शब्दों की) कलकल में।

[88]

नव दिक्‌प्रसार—दिशाओं का नया फैलाव,
बहुजन्म—अनेक जन्म लेनेवाला,
तृष्णाशा-विषानल—तृष्णा, आशा और विष की आग,
गन्धु-मुख—सुगन्ध मुँहवाले,
तम-भेद—अँधेरे का भेद,
वेद बनकर—ज्ञान होकर।

[90]

स्थविर—वृद्ध,
प्रवहमान—बहता हुआ,
अमिल—न मिलनेवाले।

[91]

परिचय-परिचय पर जग गया भेद—जब एक-दूसरे को पहचानता है तब एक दूसरे के बीच भेदभाव ही पैदा होता है, इसलिए कहा—'छलते सब चले एक अन्य के छले'—सब एक दूसरे के छले हुए चले; यही संसार है, जो प्रकाश का संसार कहलाता है।

व्यवधान—अन्तर।

[92]

पद-राग-रञ्जित—चरणों पर हुए अनुराग से रँगा,
प्राण-संघात—प्राणों का युद्ध, उत्थान-पतन-व्यापार।

[93]

छलछल-छवि—छलकती छवि 'छलछल' से रोने का भाव स्पष्ट है,
ध्यान-नयन-मन—मन में ध्यान कर रही है, यह आँखों से स्पष्ट है,
चिन्त्य प्राण-धन—अपने प्राणधन को सोच रही है।

[94]

सुखाशयी—सुखवाली,
रागानुग—राग से आनेवाली,
चरम—अन्तिम।

[95]

अवसन्न—घिरा हुआ,
प्राप्तवर—वर पाया हुआ,

[96]

धूम-धूम अम्बर—आकाश स्वयम् (आनन्द की) धूम बन रहा है,
करतल पल्लव धरा—जिनके करतल पल्लवों के समान हैं।

[97]

मन्थर—मन्द,
सुवासना—उत्तम इच्छावाली।

[98]

मञ्जु-गुञ्जर—मधुर गूँजती हुई,
छाया-प्रशमन—छाया से शीतल करनेवाला।

[99]

बीन—बंशी। (बीन वीणा के अर्थ में ही अधिकतर प्रचलित है, पर उसका एक अर्थ बंशी भी है। यहाँ यही अर्थ लिया गया है।)

मञ्जु, मधु-गुञ्जरित कलि दल-समासीन सुरूपे—मधु से प्रसन्न कली है तू, देख, वैसी कली दलों पर आसीन हो गई।

[100]

अपसारित कर—हटाकर।